Die Schwarzen Führer
Nordwestdeutschland

Die Schwarzen Führer

Nordwestdeutschland

150 geheimnisvolle Stätten
in etwa 100 Orten
mit 76 Abbildungen,
zwei Übersichtskarten
und einer Einführung von
Prof. Lutz Röhrich

Eulen Verlag

Bearbeitung: Dr. Claudia Liebers

Redaktion: Hildegard Gerlach

Einband: Neil McBeath

Zweite, überarbeitete und neugestaltete Ausgabe

Wilhelmstraße 18
Gesamtherstellung: Franz X. Stückle, Ettenheim
ISBN: 3-89102-122-4

Einführung

Die Zeit, in der Sagen weithin geglaubte mündliche Überlieferung waren, ist vorbei. Gleichwohl hat die Faszination dieser Erzählgattung auch die Menschen von heute nicht losgelassen. Sagen sind Berichte über rätselhafte und unerklärliche Geschehnisse, Zeugnisse des Aberglaubens wie der Volksfrömmigkeit. Im Unterschied zu den freundlich-optimistischen und schön geformten Märchen sind Sagen nicht selten pessimistisch, schwergewichtiger und problembeladener als die Märchen, in ihren kultur- und sozialhistorischen Bezügen wirklichkeitsnäher, zugleich in ihren Fragestellungen mehr jenseitsbezogen.

Sagen erzählen vom Eingreifen der übernatürlichen Mächte, vom Teufel, von dämonischen Wesen wie Riesen und Zwergen, von Drachen und verborgenen Schätzen. Die Skala der Figuren und Motive ist weit gefächert und regional stark differenziert. Das Unheimliche tritt in Kontrast zum Heimeligen, z. B. bei den Begegnungen der Lebenden mit den Toten in ihren mannigfachen Erscheinungsweisen als Wiedergänger, Arme Seelen oder Vampire. Und jeder weiß, daß es dabei nicht bloß um den Aberglauben von vorgestern geht. Friedhofsangst, Angst vor Dunkelheit, Naturkatastrophen, Erdbeben und Lawinen, Vorahnungen zukünftigen Unglücks vermitteln noch immer nachvollziehbare Gefühle und Phobien.

Erinnerungsträchtige Namen wie *‚Galgenberg' oder ‚Hexentanzplatz'* rufen noch immer eine Gänsehaut oder wenigstens wohliges Gruseln hervor. Sagen sind Zeugnisse von Angst, aber auch von Angstbewältigung. Sagen spiegeln Glaubenserfahrungen und sind damit in einem weiteren Sinne auch Dokumente von Religiosität. Die Rationalität versagt gegenüber der Erklärung übernatürlicher Phänomene. Gerade Nicht-Wissen reizt die Menschen zu Deutungen des Unheimlichen und verlockt sie, sich mit diesen Stoffen immer erneut auseinanderzusetzen. Neben Dramatik und Tragik kennt die Sage aber auch gelegentlich einen Hauch von Humor, vor allem wenn List und schwankhafte Übertölpelung eine Rolle spielen. Auch Kuriositäten und das Anekdotische haben ihren Anteil im volkstümlichen Erzählgut. Oft sind Sagen ausgesprochene Lehrstücke; sie berichten über richtiges oder falsches Verhalten von Menschen, überwiegend jedoch von Fehlverhalten und Normabweichungen und ihrer Bestrafung. Nicht zufällig sind *Frevelsagen* und *Rechtssagen* so häufig. Sagen sprechen gültige Lebenserfahrungen von Generationen aus; sie enthalten Modelle zur Lebensbewältigung; sie sind trotz jahrhundertelanger Tradition nicht erstarrt, und darin liegen auch die Gründe ihrer Kreativität bis in die Gegenwart. Nicht zufällig haben Sagen auch in vielfältiger Weise die Literatur angeregt, die Balladen- und Novellendichter des 19. Jh. ebenso wie noch die Schriftsteller der Moderne. Und die Anregungen reichen bis zu den Drehbüchern der allseits beliebten Hexen-, Grusel- und Vampirfilme. Schließlich ist auch Science Fiction eine Form moderner Sagenbildung.

Sagen handeln nicht nur von Erlebnissen mysteriöser Art, sondern auch von bemerkenswerten historischen oder auch nur für historisch gehaltenen Ereignissen, von Hungersnöten und Massensterben der Zeit der Pest, vom Schwedenkrieg und von der Franzosenzeit, von Kriegsnöten und Belagerungen, von Raubrittern und Kreuzfahrern, von untergegangenen Städten und Klöstern. Rettungsmotive stehen neben solchen von Zerstörung und Untergang. Sagen berichten von den Schicksalen der führenden Familien, aber auch der einfachen Bevölkerung. Sie bilden eine Form volkstümlicher Geschichtsschreibung und zeigen dabei häufig die Perspektive einer von unten gesehenen Geschichtsauffassung. Dabei wird Geschichte in der Form von Geschichten wiedergegeben. Selbst wenn das geschichtliche Gedächtnis der mündlichen Volksüberlieferung nicht immer die historische Wahrheit spiegelt, so enthalten Sagen doch häufig wenigstens einen Kern von Wirklichkeit. Fast immer sind es bewegende Erzählungen, ‚unheimlich starke‘ Geschichten des Wissens und Gewissens.

Im Unterschied zu Märchen, die überall und nirgends angesiedelt sind, spielen Sagen an festen und real nachweisbaren Orten. Die Zeugnisse des Geschehens sind noch allenthalben sichtbar. Oft bilden sie sogar Anknüpfungspunkte heutigen Fremdenverkehrs. Obwohl Sagen örtlich und zeitlich fixiert sind, gibt es jedoch das Phänomen der *‚Wandersage‘*, d. h. ein und dasselbe Motiv wird von ganz verschiedenen Orten angeeignet. Die Erzählungen z. B. von der geretteten Unschuld (Jungfernsprung), vom schlafenden Kaiser im Berg (Barbarossa), vom Traum vom Schatz auf der Brücke, vom Riesenspielzeug, von der Vielgeburt (Welfen), von den treuen Frauen von Weinsberg – um nur einige Beispiele zu nennen – werden an vielen Orten mit der lokalen Überzeugung von Historizität berichtet. Solche Erzählungen lösen im Zuhörer oder Leser ein Bekanntheitsgefühl, ein Deja-vu-Erlebnis aus.

Der Mensch der Gegenwart, ob Fußwanderer, Radfahrer oder Autotourist, möchte von der Landschaft, durch die er reist, etwas mehr wissen, als dies Ansichtskarten oder Touristenprospekte vermitteln können. Er möchte im wörtlichen Sinne ‚erfahren', was es mit diesem oder jenem Denkmal, Wegkreuz, Bildstock oder Brunnen, mit den noch sichtbaren Resten von Burgruinen oder Klöstern, mit auffallenden Orts- oder Gebäudenamen auf sich hat.

Gegenüber den alten und unkritisch immer wieder nachgedruckten Sagensammlungen bieten die *‚Schwarzen Führer'* einige bemerkenswerte Neuerungen: Abbildungen des Sagengeschehens – meist in Form von Stichen aus älterer Graphik –, vor allem aber genaue Ortsbeschreibungen und historische Nachweise. Dabei werden die Sageninhalte nicht weitschweifend erzählt, sondern auf ihre Grundzüge reduziert. ‚Schwarze Führer' hat es bislang für die Welt der Deutschen Sagen noch nicht gegeben. Als *‚Guides noires'* waren sie eher für Frankreich und die Romania bekannt. Durch die Reihe des EULEN VERLAGs kann man sich nun aber auch an die sagenumwobenen Plätze und zu den geheimnisvollen Orten deutscher Landschaften geleiten und in das Land der Phantasie entführen lassen.

Prof. Dr. Lutz Röhrich
Institut für Volkskunde
Universität Freiburg i. Br.

Vorwort und Danksagung

Das diesem Band zugrundeliegende Gebiet *„Nordwestdeutschland“* schließt im Norden die Ostfriesischen Inseln ein und reicht im Westen bis an die niederländische Grenze. Im Süden wurde eine gedachte Linie von Bad Bentheim über Osnabrück nach Minden gewählt, die auch den geographischen Gegebenheiten entspricht. (Das Wiehengebirge und dessen westlicher Ausläufer stellen hier eine natürliche Trennlinie dar.) Im Osten bildet der Verlauf der Weser die Begrenzung, wobei ab Bremen auch der Küstenstreifen über Bremerhaven nach Cuxhaven berücksichtigt wird.

Der eigene Reiz dieser Region liegt im Wechsel vielfältiger Naturgestalt. Nicht nur Geest, Heide, Wälder und das Mittelgebirge schaffen die natürliche Kulisse für charakteristische Volksüberlieferungen bzw. haben zu deren Entstehen beigetragen. Auch die besonderen Landschaftselemente Meer, Watt, Marschen und Moore vermochten unzählige Sagen zu prägen. Nicht zuletzt aufgrund der klimatischen Verhältnisse (Nebel, Regen, Wind) entfaltet sich oftmals ein melancholisches Stimmungsbild, das für die Gattung Sage so günstige Voraussetzungen bietet. Das *Wilde Heer* beispielsweise stürmt in den Nächten zwischen Weihnachten und Neujahr mit Brausen über Ebenen und Dörfer hinweg. Obwohl sich dafür häufig Belege finden, bleibt diese Gruppe von Volksüberlieferung, die von Naturerscheinungen handelt, unberücksichtigt, sofern sie nicht einem bestimmten Ort zuzuweisen ist. Von Interesse dagegen sind all jene traditionellen Erzählungen, die sich um historische oder prähistorische Objekte ranken. Diese *„Denkmäler“* im weitesten Sinne kann der Reisende noch heute antreffen.

Zahlreiche Monumente sind mit phantasievollen Geschichten verbunden, die aber auch einen Teil historischer Realität beinhalten. Beide Komponenten – Geschichte und Volksglauben – werden im Ortsalphabet vorgestellt. Verschiedene geologische Erscheinungen haben Überlieferungen hervorgerufen, so z. B. Moränenhügel als Reste eiszeitlicher Geschiebe, oder auch Seen, deren Entstehen sich oftmals auf Salzauslaugung aus dem Boden und darauffolgenden Erdeinsturz zurückführen lassen.

Aus der Volksüberlieferung spricht vielfach die Erinnerung an bestimmte geschichtliche Epochen oder Ereignisse. So ist die Zeit der Christianisierung zwar mit der Idee von Heil und Segen verbunden, aber auch mit Gedanken an die Schrecken der Kriege zwischen Franken und Sachsen. Der Dreißigjährige und der Siebenjährige Krieg werden immer wieder erwähnt, da sie die Bevölkerung in Not und Elend stürzten. Ganz allgemein befassen sich Sagen gerne mit der Feudalzeit. Friesenhäuptlinge und Grafen treten als „gute" und „schlechte" Regenten auf, wobei die Figuren bezüglich ihrer Eigenschaften überzeichnet erscheinen. Dasselbe kann man von den Seeräubergestalten behaupten, deren körperliche Kraft aus epischen Gründen hochgespielt wird. Da es sich bei der Gattung Sage um eine ursprünglich mündliche Weitergabe von Erzähltem handelt, darf man von ihr keine historische Authentizität erwarten. Wenn auch die Volksüberlieferung in Nordwestdeutschland nicht mehr als lebendiges Gut existiert und die Pflege von Erzählgemeinschaften längst der Vergangenheit angehört, so hat doch die schriftlich fixierte Sage noch vieles von ihrem einstigen Reiz bewahrt. Im einzelnen ließ sich nicht zurückverfolgen, ob die jeweilige Fassung aus dem Volksmund stammt oder ob ein ursprünglich literarischer Text, z. B. aus einer Chronik, später Allgemeingut wurde.

Was die untersuchten Objekte und deren Überlieferung betrifft, kann der vorliegende Band keinen Anspruch auf Vollständigkeit erheben. Dagegen legt die Auswahl eher Wert auf die Verschiedenartigkeit der Reiseziele. Darüber hinaus fanden jene Orte bevorzugt Beachtung, die aufgrund ihrer außergewöhnlichen Überlieferung, ihrer historischen Bedeutung oder ihres landschaftlichen Reizes einen Besuch lohnen. Ein Ortsregister, zwei Übersichtskarten sowie verschiedene Symbole erleichtern das Auffinden der Denkmäler. Nahezu das gesamte Untersuchungsgebiet ist durch ein Netz von ausgeschilderten Wander- und Radwanderwegen erschlossen. Der angereiste Besucher hat daher die Möglichkeit, sein Fahrzeug abzustellen und die Umgebung mit Muße kennenzulernen. Die *‚Schwarzen Führer'* erfahren gegebenenfalls Überarbeitungen und Erweiterungen, so daß sich neue Orte einreihen; auch sollen bereits vorhandene Artikel auf den jeweils aktuellen Stand gebracht werden. Da einige Monumente nur lokale Bekanntheit erlangt haben, schwer auffindbar sind oder in einzelnen Fällen verlegt werden, sind Ergänzungen und Hinweise willkommen.

In diesem Zusammenhang sei all jenen vielen Dank gesagt, die bei der Erstellung dieses Bandes Hilfe leisteten. Der Fremdenverkehrsverband Nordsee – Nie-

dersachsen-Bremen – (mit Sitz in Oldenburg i. O.) sowie die Fremdenverkehrsämter der einzelnen Ortschaften gaben bereitwillig oftmals detaillierte Auskünfte über die sagenumwobenen Denkmäler ihrer Gemeinden. Ebenso bin ich zahlreichen Archiv- und Heimatpflegern, Pastoren und anderen fachkundigen Personen verbunden, die mit Hinweisen und Erläuterungen die Arbeit an diesem Führer erleichterten.
Bei der Materialsuche unterstützten mich meine Eltern, meine Schwester Heike Pfister und mein Mann, denen mein herzlicher Dank gilt.

Dr. Claudia Liebers

Symbole

- Burgen und Schlösser
- Wachtürme Burgruinen
- Kirchen und Klöster
- Kapellen
- Flurdenkmäler : Kreuze, Bildstöcke, Gedenksteine
- Naturdenkmäler : Steine, Felsen und Berge
- Hervorragende Bäume

- Quellen und Brunnen
- Seen und Wasserfälle, Moore, Brücken
- Höhlen und Grotten
- Vorgesch. Denkmäler : Hünen- und Hügelgräber
- Häuser, Gasthäuser, Mühlen
- Standbilder, Reliefs, Skulpturen, Gemälde, Wahrzeichen
- Wappen

ANKUM (Lkr. Osnabrück)

Kath. Kirche St. Nikolaus

Der Ort ist seit dem Jahre 977 geschichtlich nachweisbar und bildet bis ins Spätmittelalter das Zentrum des *Artlandes*. Vermutlich wurde schon im 9. Jh. eine Taufkirche gegründet. Als Vorgängerbau der heutigen Kirche gilt eine bedeutende Wehrkirche des Mittelalters mit steinernen Wirtschaftsgebäuden, einem Wall und drei Toren. Von 1568 bis 1848 trug der Turm ein abgestumpftes Dach. Kurz vor 1900 wurde das Anwesen durch eine neuromanische Kreuzkirche ersetzt, deren Turm über 80 m hoch emporragt.

Der Volksmund nennt dieses Gotteshaus selbstbewußt *Artland-Dom* und weiß einige Sagen zu erzählen, die den Namen Ankum volksetymologisch deuten:

Früher dehnte sich dort, wo heute Ankum liegt, ein großer Wald. Ein Ritter, der einst mit seinem Sohne auf die Jagd gegangen war, verlor diesen und konnte ihn bis zur Abenddämmerung nicht finden. Darüber war er so verzweifelt, daß er gelobte, an der Stelle, an der er sein Kind wiederfinden würde, eine Kirche zu errichten. Bald darauf kam ihm der Hund seines Sohnes entgegengelaufen und zeigte ihm den Weg zu seinem schlafenden Jungen. Der Ritter hielt sein Gelübde. Den Ort, der um die Kirche entstand, nannte er Ankum, da er hier bei seinem Kinde angekommen war.

Eine andere Erzählung erklärt die Entstehung des Dorfes so: Zur Zeit der Christianisierung war man sich auf dem Schultenhofe zu *Rüssel* und dem Meyerhofe zu *Holsten* nicht einig darüber, wo eine Kirche zu bauen sei. Die Edelleute verabredeten sich, einander entgegenzueilen. Dort wo sie sich trafen, errichteten sie eine Kirche und nannten den Ort Ankum, weil sie hier ankamen. Mit dem einstmals abgestumpften Dach des Gotteshauses soll es folgende Bewandtnis haben:

Die Ankumer wollten den höchsten Turm im Lande errichten. Doch als man an seiner Spitze schon die Engel im Himmel singen hörte, erhob sich ein gewaltiger Sturm, der die Spitze abbrach. Sie wurde nach *Bersenbrück* getrieben und dort als Dach des gerade erbauten Turmes benutzt. Nach anderer Überlieferung fand sie in *Bippen* Verwendung. In Ankum aber wurde dann ein abgestumpftes Dach aufgesetzt, das den scherzhaften Namen *‚De Ankumer Stumpe'* erhielt.

‚Alkenkuhle' im Giersfeld

Ankum liegt an den Autowanderstraßen Artlandroute und Bramgauroute. Links und rechts der Straße beginnen auf Parkplätzen ausgeschilderte Wanderwege. Zum sog. Steingräberweg im Giersfeld weisen Tafeln von der Ortschaft aus. Der vorgeschichtliche Lehrpfad führt an Großsteingräbern und Hügelgräbern vorbei wieder an den Ausgangspunkt zurück. Anhand aufgestellter Schilder erfährt der Besucher Näheres über die einstige Bedeutung der prähistorischen Denkmäler. Wenn man alle Texte liest, nimmt die Wanderung ungefähr 1 Stunde in Anspruch.

Von der sog. Alkenkuhle, einer Senke innerhalb des Giersfeldes, erzählt man sich folgendes: In alten Zeiten, als das Dorf *Alfhausen* noch keine eigene Kirche hatte, pilgerten die Menschen nach *Merzen* zum Gottesdienst. Sie gingen dabei über die Heidelandschaft des Giersfeldes, wo sich auch die Hünengräber befinden. Dort stand der ‚Krug', ein Wirtshaus, in dem die Kirchgänger Rast machten. Der Wirt namens Alke hielt jedoch die Leute von der Andacht ab, da er nur auf seinen Gewinn bedacht war. Einst sagte er seinen Gästen heimtückisch eine falsche Uhrzeit und bekräftigte seine Worte mit einem Schwur. Darauf versank der Alkenkrug im Erdboden. Die durch das Gottesgericht entstandenen beiden Vertiefungen werden noch heute ‚Alkenkuhlen' genannt. Dort ist es unheimlich, denn wenn man des Nachts dreimal Alke ruft, erscheint er in Gestalt eines glühenden Rades. Er verfolgt seinen Herausforderer und läßt erst von ihm ab, wenn dieser über die Schwelle seines Hauses getreten ist. Ein Bauer rief einst am Wasserloch: „Alke, kum, geihst du mit?" Da antwortete eine Stimme aus der Erde:

„Töf, den äinen Schau will ick antücken,
Den annern anstrüppen,
Dann will'k di Däuwel wal kriegen!"

Der Bauer jagte auf seinem Pferd davon. Das feurige Rad folgte ihm auf den Fersen. In letzter Sekunde konnte sich der Bauer durch die große Tür auf die Hausdiele retten. Das Rad aber prallte gegen den Türpfosten und hinterließ eine verkohlte Stelle.

(Weitere Großsteingräber → Bischofsbrück, → Groß Berßen, → Osnabrück/Karlsteine, → Visbek/Braut und Bräutigam.)

AURICH (Lkr. Aurich)

In der Geschichte Ostfrieslands spielt Aurich eine bedeutsame Rolle, seitdem sich in den 70er Jahren des 14. Jh. das Häuptlingsgeschlecht tom Brok hier niederließ. Der erste Burgherr, Ritter Ocko, wurde 1391 ermordet. Nach dem Sturz der tom Brok regierte ab 1427 Focko Ukena. Seine Burg wurde 1430 von Ulrich Cirksena zerstört, der nun die Herrschaft über das Auricherland übernahm und 1464 mit der neubegründeten Reichsgrafschaft Ostfriesland belehnt wurde. Die Burg wurde 1852 wegen Baufälligkeit abgerissen.

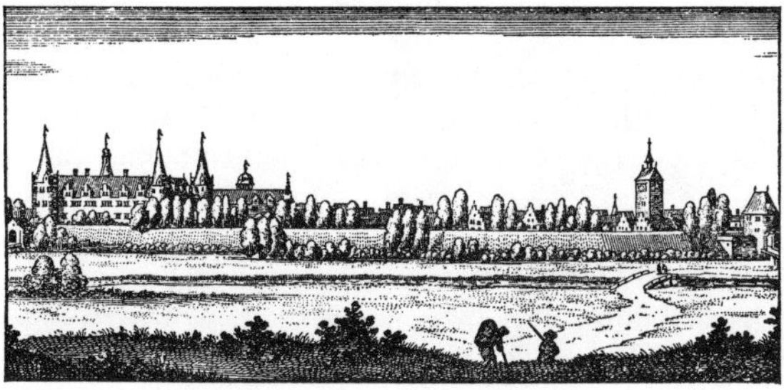

Aurich 1653. Kupferstich von M. Merian

Ev. Lambertikirche

Die älteste Siedlung (Aurec howe) lag um die wahrscheinlich im Jahre 1270 von den Grafen von Oldenburg gestiftete Lambertikirche. Ihr abseits an der Hauptstraße stehender wuchtiger Glockenturm ist im Kern noch mittelalterlich und beherrscht das Stadtbild. Der im Grundriß rechteckige klassizistische Hauptbau stammt von 1835.

Von der Betglocke im Kirchturm erzählt folgende Geschichte: Das ehemals wohlhabende Dörflein *Kirchdorf* bei Aurich verlor durch Krieg und Hungersnot fast alle Habe, leider auch sein Gotteshaus. Die Bewohner mußten nun nach Aurich pilgern, um die Predigt zu hören. Als die Auricher eine neue Betglocke für ihren Turm gießen wollten, sammelten die Kirchdorfer aus Dankbarkeit für die erwiesene Gastfreundschaft ihren letzten Schmuck für diesen edlen Zweck. Nachdem der Guß vollendet war, gab die Glocke zur Bestürzung aller keinen Laut von sich, obwohl der Klöppel deutlich anschlug. Man hängte die Glocke um – doch ohne Erfolg. Erst als sie vor die Schallöffnung gehängt wurde, welche Kirchdorf zugewandt

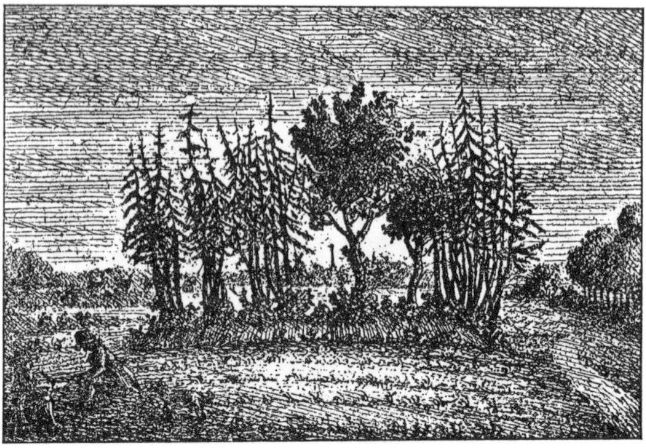

Upstalsboom 1796. Kupferstich von C. B. Mezger

war, ließ sie einen wunderbaren Klang vernehmen. Mit Ergriffenheit erkannten die Anwesenden, daß die Betglocke nun an ihrer selbst erkorenen Stätte hing.

Upstalsboom

Die alte Thingstätte *im Südwesten Aurichs*, den sog. Upstalsboom, erreicht man über die Oldersumer Straße – der Weg ist beschildert.

Auf dem vorgeschichtlichen Grabhügel trafen sich im 13. und 14. Jh. die Abgesandten aller friesischen Landschaften, die sich zu einem Landfriedensbündnis zusammengeschlossen hatten. Man begrüßte sich mit den Worten „Eala Frya Fresena“: einem mittelalterlichen Gruß, der soviel bedeutet wie „Oh, freie Friesen!“. Noch heute wird der Upstalsboom als Symbol für die Einheit und Zusammengehörigkeit der Friesen angesehen. Sein Name, der in alten Urkunden auch als „Opstellebom“, „Obstallisbaem“ oder „Upstallesbome“ überliefert wird, bezeichnet eine Stelle, auf der Bäume gepflanzt sind.

Einst – so heißt es – wurde der Kaiser hart von den Türken bedrängt und rief auch die Friesen zu Hilfe. Diese sammelten ihr Heer am Upstalsboom und zogen gen Süden. In einem Walde machten sie halt, damit sich jeder einen jungen Baum abschlagen könne. Diesen trugen sie gleichsam gegen die Pfeile der Türken vor sich her. Ihr Anblick glich dem eines wandelnden Waldes, so daß die Feinde schreckerfüllt riefen: „Die Friesen kommen, und vor ihnen schreitet ihr Gott in Gestalt eines grünen Waldes!“ Sie wandten sich zu wilder Flucht.

Seit 1833 steht auf der leichten Erhebung ein aus Findlingssteinen pyramidenförmig gemauertes Denkmal.

Friesische Krieger im Siegel des Upstalsboomer Bundes

Es wurde zum Andenken an die bei Liegnitz und Waterloo Gefallenen errichtet.
→ Middels, → Sandhorst, → Tannenhausen.

Bad Bentheim (Lkr. Grafschaft Bentheim)

B

Schloß
Im 10. Jh. wurde das Schloß von den Grafen von Bentheim auf einem herausragenden Sandsteinfelsen oberhalb der Ortschaft errichtet. Als Vorläufer des Schlosses hatte bereits eine alte Volksburg bestanden. Im 12. Jh. baute man es nach völliger Zerstörung neu auf. Im 15. und 16. Jh. veranlaßten die Landesherren eine Erweiterung der Burg zur größten Befestigungsanlage Niedersachsens. An der Südseite des Binnenhofs befindet sich heute ein Museum.
In den Gemächern des Schlosses – so sagt man – geht eine weiße Frau, die Gräfin Sophie, um. „De witte Jüffer" tut keinem etwas zuleide. Wird sie jedoch geneckt, erhält der Übeltäter mit ihrem großen Schlüsselbund einen derben Schlag. Eine andere Sagenversion weiß, daß derjenige, der die Gestalt gesehen hat, dem Tode verfallen ist. Man kann sich jedoch schützen, indem man ein Taschentuch um die

Eine alte Flugschrift zeigt die weiße Frau

Hand schlingt, wobei die Zipfel nach vorne zeigen. Dann ergreift sie statt der Hand die Zipfel des Tuches, die hinterher Brandspuren aufweisen. Wer dies durchsteht, bleibt später von allem Unheil verschont.

Herrgott von Bentheim
Auf dem Schloß kann der Besucher den sog. ‚Herrgott von Bentheim' besichtigen. Das um 1150 entstandene Steinkreuz steht heute an der Ostmauer der Terrasse. Aus einem Stück gehauen, trägt es halberhaben den Körper, der nach byzantinischer Sitte bekleidet ist. Im 19. Jh. wurde das Kruzifix gefunden und von Fürst Ludwig von Bentheim auf die Burg geholt. Es zeigt eine einzigartige Verschmelzung germanischer und christlicher Vorstellungen im geometrischen Stil.
Vom Ursprung dieses Kreuzes wird erzählt, es sei zum mahnenden Andenken an den Mord an einem Missionar angefertigt worden. Im Bentheimer Wald, wo sich heidnische Opferstätten befanden, versuchten christliche Missionare den neuen Glauben einzuführen: Es waren der ‚schwarze' und der ‚weiße' Ewald – so unterschieden nach ihrer Haarfarbe –, die aber unverrichteter Dinge weiterziehen mußten. Ihr Gefährte Alberich jedoch blieb zurück und soll von heidnischen Priestern ans Kreuz genagelt worden sein. Erst als das Christentum in diesem Gebiet verbreitet war, errichtete man auf dem Kreuzkamp das Kruzifix.

Pulverturm
Der südöstliche Turm der Hauptburg ist der Bergfried – im Volksmund ‚Pulverturm' genannt. Man kann ihn besteigen und in das Burgverlies hinabschauen. Es soll sich ein heimliches Gericht der Feme darin befunden haben. Der Verurteilte mußte auf eine Falltür treten, die ihn einer Figur in die Arme warf. Diese soll seinen Körper mit tausend Messern von allen Seiten zerschnitten haben.

Brunnen
Den Brunnen an der Nordseite des Binnenhofes sollen zwei Ritter gebaut haben, die zu lebenslänglicher Gefangenschaft verurteilt waren. Während einer großen Dürrezeit retteten sie die Burgbewohner vor dem Verdursten, indem sie einen Schacht in den Burgfelsen brachen. Nach langen Mühen stießen sie auf eine Quelle. Zur Belohnung gab man ihnen die Freiheit zurück, doch sanken sie vor Freude leblos zu Boden.
Nach einer anderen Sagenvariante handelt es sich nicht um zwei Ritter, sondern um zwei Verbrecher.

Drususfelsen oder Teufelsohrkissen
Der Felsen befindet sich außerhalb der Burganlage an der Nordwestecke, vor der sog. *Kronenburg*. Er trägt die Inschrift „Hic Drusus iura dixit Tubantibus". (Hier sprach Drusus den Tubanten Recht).
Einer alten Überlieferung zufolge hat Drusus, der Stiefsohn des Kaisers Augustus, das Schloß Bentheim begründet. Dem Bau habe er – auf dem nahen Felsen sitzend – oft zugesehen. Auch habe er hier oft

Das fürstliche Schloß zu Bentheim von der Westseite, Stahlstich

Gericht gehalten – daher der Name Drususfelsen. Der Name Teufelsohrkissen ist auf folgende Gründungssage zurückzuführen:
Ein Ritter schloß mit dem Teufel einen Pakt, wonach der Böse sich verpflichtete, binnen kurzem die Burg zu errichten. Als Gegengabe forderte er das erste lebende Wesen, dessen Stimme man vom Schloßturme aus vernehmen könne. Er rechnete damit, daß der Ritter vor Übermut diese Abmachung vergessen und einen Freudenruf tun werde. Nach vollendetem Bau legte sich der Teufel auf dem Drususfelsen zur Ruhe, lauschte jedoch mit einem Ohr. Bei Tagesanbruch ließ der listige Ritter einen Raben vom Turm fliegen, dessen Krächzen der Böse hörte. Wütend sprang dieser auf und hinterließ den Abdruck seines Ohres auf dem Felsen. Seitdem soll der Drususfelsen „des Teufels Ohrkissen" heißen.

Bad Zwischenahn (Lkr. Ammerland)

Elmendorfer oder Zwischenahner Meer
Dieser Binnensee ist über die A 28, Abfahrt „Zwischenahner Meer", zu erreichen. In der geologischen Forschung betrachtet man ihn u. a. als Werk von eiszeitlichen Gletschern betrachtet. Innerhalb eines Zeitraumes von ungefähr einer halben Million Jahren nimmt man insgesamt drei Eiszeiten an, die etwa 10 000 v. Chr. endeten. Bereits der erste Gletscherschub soll ein Becken ausgeschürft haben, das sich beim Temperaturanstieg mit Schmelzwasser füllte. Eine andere naturwissenschaftliche These bezeichnet das Gewässer jedoch als Erdfallsee, der durch Einsturz der oberen Erdschicht in einen Hohlraum entstanden ist. Allmählich habe sich Grund- und Regenwasser gesammelt. Diese Behauptung wird durch Untersuchungen der Pollenanalyse bestätigt. Der abgelagerte Faulschlamm des Sees zeugt von einer Vegetation, die erst nach der Eiszeit entstanden ist.
Solche Überlegungen sind dem Volksglauben fremd. Er erklärt die Bildung des Sees auf andere Weise. Die Herkunft des Waldes Wildenloh bei → Oldenburg soll mit der Entstehung des Zwischenahner Meeres zusammenhängen: Der Teufel, der einen Kirchenbau in Oldenburg verhindern wollte, riß zwischen Elmendorf und Bad Zwischenahn einen Wald aus der Erde. Auf seinem nächtlichen Flug in Richtung Oldenburg wurde er vom ersten Sonnenstrahl überrascht. Das Waldstück, das ins Moor hinabstürzte, bildet heute

den Wildenloh. Dort aber, wo er den Wald aus dem Boden gerissen hatte, soll durch Ansammlung von Wasser das Zwischenahner Meer entstanden sein.

Ev. St.-Johannes-Kirche

Die heute evangelische St.-Johannes-Kirche wurde im Jahre 1316 erstmals urkundlich erwähnt. Um 1469 erfolgte der Bau des südlich der Kirche stehenden Glockenturmes.

Vom separaten Turm wird in einer Volkssage erzählt: In einer Fehde zwischen Oldenburgern und Münsterländern sollte einst von den vorhandenen drei Glokken eine als Beutestück mitgeführt werden. Beim Hinablassen riß aber eines der Taue, und die Räuber stürzten mit der Glocke in die Tiefe. Weil das Gewölbe dabei zerschlagen wurde, und zum Andenken an die Begebenheit errichtete man einen Glockenturm außerhalb des Kirchengebäudes.

Um 1500 erhielt das Gotteshaus eine reiche spätgotische Ausstattung. Das ehemals hier verehrte hölzerne Standbild des Schutzheiligen Johannes des Täufers soll im Rahmen reformatorischer Neuerungen „mißachtet" und in eine dunkle Ecke des Kirchturms gestellt worden sein. Eine Erzählung teilt folgende Begebenheit mit: In der Kirche führte man Maurerarbeiten aus, die bis in die Abendstunden hinein dauerten. Einer der Arbeiter steckte dem Heiligenbild eine Kerze in die Hand und forderte es mit dreisten Worten auf, einmal eine nützliche Aufgabe zu übernehmen. Im gleichen Augenblick erhielt er eine schallende Ohrfeige, und das Licht erlosch.

BELM (Lkr. Osnabrück)

Kath. Dionysius-Kirche

Für diese Saalkirche wird eine längere Bauzeit von der Mitte bis zur zweiten Hälfte des 13. Jh. angenommen.

Der Frankenherrscher Karl soll der Sage nach nicht nur zahlreiche Schlachten gewonnen, sondern auch viele christliche Wunderzeichen vollbracht haben, um die heidnischen Sachsen zu bekehren (→ Osnabrück/Karlsteine). Schließlich war der Sachsenherzog Widukind bereit, den christlichen Glauben anzunehmen. Er hat die Taufe in dem hochmittelalterlichen Taufstein der Pfarrkirche zu Belm erhalten. Dem Ort gab er damals den Namen Bethlehem, um anzudeuten, daß er dort im Geiste wiedergeboren sei, wie Christus zu Bethlehem geboren wurde. Im Laufe der Zeit hat sich daraus die Bezeichnung Belm gebildet.

Weiterhin behauptet die Sage, Wittekinds Gattin Geva sei hier bestattet worden. Sie gilt als Schwester Siegfrieds, des Königs von Dänemark. Eine Braunschweigische Reimchronik berichtet:

> Gheva, sin werde vrowe,
> Wart to Beleheym to rowe
> gegraven by Osenbrücke.
> Erer sele gott geve gelücke.

Das erwähnte Sandsteintaufbecken aus der zweiten Hälfte des 13. Jh. weist eine reiche Verzierung auf. Unter den plastisch dargestellten Figuren soll auch Geva sein.

→ Rulle/Wittekindsburg.

Die Kirche in Belm

Wittekinds Taufe (785 n. Chr.), nach Moritz von Schwind

BIPPEN (Lkr. Osnabrück)

Ev. St. Georgskirche

Der Erholungsort Bippen liegt im Naturpark Nördlicher Teutoburger Wald und Wiehengebirge. Die früheste Entwicklung des Städtchens ist unmittelbar mit jener der Kirche verbunden. In vorgeschichtlicher Zeit befand sich hier eine alte Siedlung und Kultstätte. Erstmals erwähnt wird das Gotteshaus St. Georg bereits um 1100, das damals wahrscheinlich noch als Holzkapelle bestand. Später, wohl im 12. Jh., wurde der Turm aus behauenen Findlingen im romanischen Stil als Wehrturm erbaut. Zunächst hat sich, wie man heute annimmt, ein Steinschiff angeschlossen, das später durch eines im gotischen Stil ersetzt wurde. Bippen stand unter dem Patronat des Klosters Corvey (Weser), welches im Jahre 822 durch Ludwig den Frommen gegründet worden ist.
Der Kirchbau soll erst auf der Wartelshöhe, an der Grenze zwischen Bippen und Hartlage, begonnen worden sein. Doch was man tagsüber aufmauerte, zerstörte der Teufel nachts wieder. Man entschloß sich deshalb, zur Auffindung eines geeigneteren Bauplatzes einem ‚Gotteszeichen' zu folgen: Man stach einem Schwan die Augen aus und ließ ihn von der Wartelshöhe aus fliegen, von wo aus er sich an die Wiebecke begab. An der so bezeichneten Stelle wurde der Grundstein gelegt. Zu beachten ist die Tatsache, daß die ersten irischen Missionare als ‚Schwäne' bezeichnet wurden; so deutet diese Sage auf den ge-

schichtlichen Hintergrund. In anderen Erzählungen vom ‚weisenden Tier‘ wird dieses nicht geblendet, sondern lediglich mit verbundenen Augen fortgeschickt (→ Bückelte).
An einem Pfeiler der Georgskirche neben dem Nordportal sind sog. Wetzrillen zu erkennen, die sich an vielen alten Kirchen Norddeutschlands finden (→ Nordwohlde, → Blexen). Hier ist wohl heidnischer Brauch und Glauben, der als Heilszauber wirken sollte, auf die christliche Stätte übertragen worden. Die Sage will von fremden Soldaten wissen, die im Dreißigjährigen oder Siebenjährigen Krieg dort ihre Waffen gewetzt hätten.

Maiburg
In Bippen sind zahlreiche Zeugnisse aus heidnischer Zeit erhalten. Sicherlich besteht ein Zusammenhang zwischen früher Besiedlung und dem Reichtum an Quellen in der Umgebung. Im nahegelegenen Waldge-

Walpurgisnacht auf der Maiburg : Hexensabbat. Aus J. Praetorius, Blockes Berges Verrichtung, 1668

biet Maiburg befinden sich mehrere Steine, die als heidnische Kultstätten angesehen werden. An der Straße von Bippen nach Schwagstorf beginnt linkerhand der Waldlehrpfad *‚Vosspädgen'*. Vom Parkplatz aus folgt man dem durch geschnitzte Füchse gekennzeichneten Wanderweg. Dabei kommt man an der sog. ‚Hexentreppe', am ‚Opfer-' und am ‚Teufelsstein' vorbei. Wie die Bezeichnungen schon deutlich machen, hat in christlicher Zeit eine Verteufelung der heidnischen Plätze stattgefunden.

Vermutlich sind hier einst Maifeste gefeiert worden. Der Sage nach soll an diesem Ort die Walpurgisnacht stattgefunden haben. Auch ist das gesamte Gebiet ein Bannbereich des sog. *Holenkerls,* der hier spuken muß. Nachts soll dieses böse Wesen arglosen Wanderern auf den Rücken gesprungen sein und sie zu Tode geritten haben; vor 150 Jahren geschah das zum letzten Mal. Eine andere Sage erzählt von einem Bauern, der nachts in Gestalt eines Bockes umhersprang und erschossen wurde, worauf er seine menschliche Gestalt wieder annahm.

BISCHOFSBRÜCK (Lkr. Cloppenburg)

Teufelssteine

Man erreicht das jungsteinzeitliche Großsteingrab von Molbergen aus über die kleine Ortschaft Grönheim (→ Molbergen). Folgt man der Straße immer geradeaus, gelangt man nach Bischofsbrück. Dort befindet es sich rechter Hand direkt an der Straße, bevor diese über das Flüßchen Marka führt. Hinter einem Wall zwischen Bäumen steht an der gepflegten Grabstelle eine Lehrtafel für die Besucher. Die bei einer archäologischen Untersuchung gefundenen Grabbeigaben können im Staatlichen Museum für Naturkunde und Vorgeschichte in Oldenburg besichtigt werden.

Die Volkssage aber weiß von Schätzen, über die der Teufel die schweren Steine gewälzt hat, um sie zu verbergen. Er hütet sie wie seinen Augapfel und sorgt auch dafür, daß man die vielen Steine an dieser Stätte nicht zählen kann.

Abgesehen von der eigentlichen Grabkammer, die aus Tragsteinen und den mächtigen Deckplatten besteht, liegen noch Reste des Steinkranzes umher. Da sie teilweise umgestürzt und von Erde bedeckt sind, kann man sie nur schwer zählen. Hier in Bischofsbrück war vor dem Grenzflüßchen Marka eine Zollstation eingerichtet. Die Straße, die direkt an dem Mega-

Großsteingrab mit Steineinfassung. Holzschnitt aus Monumenta Danica von Ole Worm, 1643

lithgrab vorüberführt, stellte eine wichtige Verkehrsverbindung dar. Sie wurde auch vom Fürstbischof benutzt, der hier mit seinem Gefolge in Richtung Jagdschloß Clemenswerth vorüberkam (→ Sögel). Es liegt nahe, daß die kirchlichen Würdenträger heidnische Grab- und Kultstätten als ‚Teufelswerk' ansahen und diese Meinung dem Volke nahezubringen suchten.
→ Ankum/Alkenkuhle, → Gr. Berßen, → Osnabrück/Karlsteine, → Visbek/Heidenopfertisch.

BISSEL (Lkr. Oldenburg)

Kapitstein
Zu dem sog. Kapitstein, einem Naturdenkmal, gelangt man auf der Straße von Großenkneten nach Sage. Dort biegt man rechts auf die B 69 ab und verläßt sie nach 200 m links abbiegend in Richtung Bissel. Innerhalb der Ortschaft befindet sich der mächtige Findling am Südrand eines kleinen Gehölzes, das links an der Straße nach Halenhorst steht. Der Name Kapitstein wird auf der zweiten Silbe betont und ist schwer zu deuten. Vielleicht bezeichnet er eine alte Grenzlage, denn in der Nähe liegt das ‚Alte Moor', das lange Zeit ein Grenzmoor war. Der Findling gehört zu den sog. Gleitsteinen, die im Volksglauben zu Fruchtbarkeit verhelfen sollen. Frauen, die sich ein Kind wünschten, ließen sich von seiner sattelförmigen Oberfläche hinabgleiten.

Bissendorf (Lkr. Osnabrück)

Drei-Brüder-Steine

Die drei Kreuze stehen – unweit der A 30 – an der Meller Straße, die von Bissendorf nach Gesmold führt. Dort, wo eine Straße links nach Nemden abzweigt, findet man sie in der Nähe der Gaststätte ‚Zum Kurrel'.

Es heißt, sie seien Erinnerungszeichen an ein blutiges Ereignis. Drei habgierige Brüder sollten sich nach dem Tode ihres Vaters dessen Erbschaft teilen. Zwei von ihnen verbündeten sich jedoch und erschlugen den dritten. Da lockte es einen der beiden, alleiniger Erbe zu sein, worauf er seinen Bruder ermordete. Dann aber packte ihn die Reue, so daß er sich selbst den Tod gab. *Freiherr Giesbert von Vincke* erzählt das gleiche Geschehen in einer anderen Fassung:

Der Mond scheint helle, die Nacht ist kalt;
Drei Räuber lagern tief im Wald.

Ringsum geschichtet ist Geld und Gut,
ein wüst Gewirr, besudelt mit Blut.

Sie teilen den Raub in Streit und Zank;
Sie tragen Begehr nach Speis' und Trank.

Den Jüngsten drum entsenden sie bald:
Der holet Speis' und Trank in den Wald.

Unheimlich flüsterten lang die zwei;
Da keucht der dritte Mann herbei.

Für sie beladen mit Wein und Speis';
Ihm rinnen vom Haupt die Tropfen heiß!

Und nieder setzt er die Last zur Erd',
Als ihm ein Dolch in den Nacken fährt.

Im Dickicht liegt er erschlagen schon,
sein Raubteil teilten die zwei voll Hohn.

Sie tafeln indes sie sorglich schaun:
Wohl möchte keiner dem anderen traun.

Zu spät! Sie hielten ihr Totenmahl:
Mit Gift gewürzt ist der Weinpokal! –

Der Mond scheint helle, die Nacht ist kalt;
Drei Kreuze stehen tief im Wald.

Ganz in der Nähe dieser Stelle befindet sich eine ehemalige Gerichtsstätte. Auf einer kleinen Erhebung trifft man das einstige Holzgericht auf dem Kurrel an,

die *‚Höltingbänke‘*. Man erreicht sie, wenn man auf dem Kromen knappe 200 m an einem Waldstück entlanggeht und dann links abbiegt.
→ Holte, → Schledehausen.

BLEXEN (Nordenham, Lkr. Wesermarsch)

St.-Hippolyt-Kirche mit ‚Polsgrab‘
Blexen – seit 1933 ein Stadtteil von *Nordenham* – dürfte in vorchristlicher Zeit ein germanisches Heiligtum für den Wettergott Thor gewesen sein. Der 789 erwähnte Name *‚Pleccateshem‘* könnte somit als *‚Blitzheim‘* gedeutet werden und in seiner mundartlichen Verkürzung ‚Blexen‘ lauten. Wahrscheinlich hat gerade diese heidnische Kultstätte den Missionar Willehad veranlaßt, hier im 8. Jh. eine Kirche zu errichten. Diese wurde später mehrfach umgestaltet und besitzt durch die Verwendung von Portasandstein, rheinischem Tuff und Backstein in Verbindung mit roten Granitquadern einen bautechnisch eigenen Charakter. Im Kircheninneren zeigt eine Bildtafel an der Empore den Bischof Willehad, der im Jahre 789 in Blexen gestorben ist.
Kirchenpatron ist der hl. Hippolyt, dessen Martyrium über der Sakramentsnische in der Nordmauer des Chors dargestellt wird. Unter Kaiser Valerian soll er im Jahre 258 von wilden Pferden zu Tode geschleift worden sein. Die sog. Keule des Hippolyt, die auf eine vorchristliche Donar- oder Thor-Kultstätte schließen läßt, wurde bis zur Reformation in der Kirche verwahrt. Als Rest einer um 1000 n. Chr. abgebrannten Holzkirche blieb nördlich des Altars ein Schaugrab sichtbar erhalten. Es dürfte sich um das Grab eines christlichen Märtyrers handeln, der bei einem heidnischen Überfall zu Tode kam. Vielleicht spielte dieses echte Märtyrergrab eine Rolle, als man nahebei in die Nordmauer des Chors ein Scheingrab des Kirchenheiligen Hippolyt einfügte. Bis ins 18. Jh. hinein war dieses ‚Polsgrab‘ ein beliebtes Pilgerziel. Als einzige Öffnung wies es ein sog. Hagioskop – einen kreisrunden Durchbruch – von 20 cm Durchmesser auf. Erst im 19. Jh. wurde von außen eine Tür angelegt.
Von der Entstehung dieses Scheingrabes erzählt die Sage folgendes: Als die Bürger von Blexen anfingen, eine Kirche zu bauen, stürzten die Grundmauern immer wieder ein. Man besann sich auf den alten Glauben an die magische Schutzwirkung von Bauopfern und fuhr nach Bremerlehe über die Weser, um ein

St.-Hippolyt-Kirche in Blexen, Südostseite

Kind zu kaufen. Dieses wurde in den Grund eingemauert, und die Kirche konnte nun ungestört errichtet werden. Als der hl. Hippolyt des Weges kam, verfluchte er die Bremerleher, weil sie einen Menschen für Geld geopfert hatten. Die Blexer fürchteten, durch diese Verwünschung Schaden zu leiden und mauerten deshalb den Heiligen auf kleinstem Raum ein, so daß nur zwei Öffnungen frei blieben. Ein Loch am Fußende zur Kirche hin sollte dem Gefangenen ermöglichen, dem Gottesdienst zu lauschen; durch die nach Bremerlehe gelegene Öffnung brachten ihm zwei Tauben täglich Nahrung. So oft er hinaus über die Weser blickte, klagte er:

„O weh, o weh,
du sündig Leh!
Wenn ick di seh,
deit mi dat Hart im Liwe weh!"

Bald darauf soll Bremerlehe abgebrannt sein.
Auf der Außenseite des Gotteshauses fallen im unteren Teil der Ostmauer tiefe in den Sandstein gekratzte Rillen auf, die der Volksmund heute ‚Düwelskrallen' nennt. Ihr Entstehen dürfte auf einen alten Aberglauben zurückzuführen sein: Man wollte Steinpulver vom ‚heiligen Bereich' verwenden, um daraus magisch wirksame Heilmittel herzustellen. Durch häufi-

ges Abschaben vom Stein haben sich mit der Zeit die Rillen gebildet.
→ Bippen, → Nordwohlde.

Willehadusbrunnen
Das Entstehen des alten Brunnens südlich des Kirchhofs schreibt die Legende dem angelsächsischen Missionsbischof Willehad zu, der 789 in Blexen gestorben ist und in Bremen zur letzten Ruhe gebettet wurde. Wahrscheinlich diente er ihm als Taufbrunnen, so daß sein Name mit dem Brunnen verbunden wurde. Zum Andenken überbaute man ihn im Jahre 1875 in neugotischem Stil.
Nach der Legende sollen die Bewohner Blexens einst den Erzbischof Willehadus um Hilfe gebeten haben, da sie unter Wassermangel litten. Dieser hielt der Gemeinde eine Predigt über das Wort: ‚Der Glaube kann Berge versetzen'; dann ergriff er seinen Stab und stieß ihn in die Erde, worauf ein Quell hervorsprudelte, der fortan Willehadi- oder Willehadusbrunnen genannt wurde.

BOKELOH (Lkr. Meppen)

Kath. Kirche St. Vitus und St. Katharina
Die katholische Kirche zu Bokeloh wurde im Jahre 919 geweiht und ist lediglich der Sage nach das älteste Gotteshaus des Emslandes. Der einschiffige Saalbau mit schmalen spitzbogigen Fenstern besteht aus Findlingen und Raseneisenstein. An der Westseite steht der quadratische Turm.
Die Kirche wird mit der sog. *Wekenburg,* einer angeblichen Wittekindsburg, in Zusammenhang gebracht. Sie liegt südwestlich von Bokeloh und könnte eine altsächsische Fluchtburg, später ein fränkischer Königshof gewesen sein. Heute sind nur noch Reste ihrer Umwallung zu erkennen.
Hier soll sich eine blutige Schlacht zwischen Karl d. Gr. und dem Sachsenherzog Widukind zugetragen haben. Nach drei Tagen harten Kampfes mußten die Sachsen 6 000 Getötete beklagen, darunter den sagenhaften Friesenkönig Surbold. Dann zogen sie sich in die Weken- oder Wittekindsburg zurück und ergaben sich bald darauf. Zur Erinnerung an diesen Sieg soll Karl d. Gr. die Kirche in Bokeloh gestiftet haben, die daher als älteste Kirche des Emslandes gelten will.
Eine andere Erzählung behauptet, daß der heidnische Wittekind sich während einer Waffenpause unter die christlichen Kirchenbesucher gemischt habe. Im Got-

Das Jesuskind erscheint Wittekind und bekehrt ihn

teshaus zu Bokeloh soll ihm in der Hostie, die der Priester emporhob, das Jesuskind, von Strahlen umglänzt, erschienen sein. Von der Stunde an wurde er Christ.

Borkum (Lkr. Leer)

Alter Turm

Das Nordseeheilbad kann von Emden-Außenhafen oder von Eemshaven (Holland) aus mit dem Schiff erreicht werden. Nach der etwa 45minütigen Überfahrt bringt eine Inselbahn die Besucher in die Ortschaft.

Als Navigationspunkt war Borkum seit jeher von Bedeutung für jene Schiffe, die nach Emden fuhren, denn die Sandbänke vor der Emsmündung stellten eine große Gefahr dar. Als Landmarke dienten u. a. der Turm des Inselkirchleins sowie die holländische Insel „den Bosch", die jedoch 1570 dem Meer zum Opfer fiel. Deshalb errichteten 1576 Emder Kaufleute an Stelle des Borkumer Kirchturms den sog. Alten Turm, den man mit seinen 32,5 m Höhe von weither erkennen konnte. Die oberen Bögen sollen anfangs offen gewesen sein, um das Hindurchsehen von See aus zu ermöglichen. Nachts strahlten Lampen, deren Licht in späterer Zeit sogar durch optische Geräte gebündelt wurde. Im Jahre 1879 brannte er völlig aus. Zwar wurde der Neue Leuchtturm gebaut, der alte blieb aber bis heute erhalten.

Eine Erzählung erinnert an seine Errichtung: Ein Maurer soll beim Turmbau hinabgestürzt und auf einen Kollegen gefallen sein, der gerade auf dem Kirchhof frühstückte. Letzterer war sofort tot, während der Gestürzte unverletzt blieb. Zur Erinnerung an vergangene Zeiten steht die Ruine des Alten Turmes noch heute im Westen der Insel nahe der Strandpromenade.

Bremen

Roland

Die auf dem Marktplatz stehende Rolandsäule ist das älteste und bedeutendste Denkmal der im Jahre 782 erstmals erwähnten Stadt. Die 5,55 m große Figur, deren Säule vom Sockel bis zur Spitze des Baldachins 10,21 m mißt, ist das Symbol für Marktfreiheit und Hochgerichtsbarkeit. Das hölzerne Standbild, das sich ursprünglich an seiner Stelle befand, wurde 1366 von Soldaten des Erzbischofs Adalbert II. verbrannt. Der danach errichtete (ebenfalls) hölzerne Roland wurde 1404 durch den heute noch vorhandenen steinernen ersetzt. Im Jahre 1513 ergänzte man den Baldachin sowie den Schild mit Doppeladler und Umschrift. Letztere mahnt, Gott für die Freiheit zu danken, die Kaiser Karl einst dieser Stadt gegeben habe:

„Vryheit do ick ju openbar
de Karl und mennich vorst vorwar
deser stede ghegeven hat
des danket gode is min radt".

Eine alte Überlieferung sagt, daß die Unabhängigkeit der Stadt nicht ernstlich gefährdet sei, solange die Rolandsäule auf dem Marktplatz stehe. Als Ersatz liege

Bremer Marktplatz mit Rolandsäule, Kupferstich von M. Merian, 1653

Bremer Roland

sicherheitshalber ein hölzerner Roland im Ratskeller. Die Rolandsäule war einst Symbol für Markt- und Zollfreiheit, für Gerichtsfreiheit und das Stadtrecht. Sie wurde im Laufe der Jahrhunderte zum Wahrzeichen der Freiheit schlechthin. In zahlreichen Städten Europas sind Standbilder des geharnischten Kriegers anzutreffen. Roland ist eine historische Persönlichkeit des 9. Jhs. gewesen – sein Name als Hrodlandus urkundlich nachgewiesen. Er war Herzog im bretonischen Grenzbezirk. Doch Chronik und Sage verschmelzen ineinander:
Das sog. Rolandslied – um 1100 entstanden – macht aus ihm einen Neffen Karls des Großen, der im Kampf gegen die Mauren im spanischen Ronceval einen tragischen Tod findet. Doch der zu Hilfe eilende Kaiser Karl schlägt die maurischen Truppen in die Flucht. Christliche Mönche aus Cluny sollen an der Legendenbildung maßgeblich beteiligt gewesen sein, so daß in späteren Jahrhunderten die Gestalt Rolands in der mündlichen Überlieferung märtyrerhaft überzeichnet wurde. Händler und Spielleute taten das Ihre, um die Geschichte vom heldenhaften Leben und Sterben Rolands weit zu verbreiten. So wurde

die Rolandsfigur in Mitteleuropa zum Zeichen für Freiheit.

Figur zu Füßen des Roland

Die kleine Figur zu Füßen des Roland ist bisher nicht verläßlich gedeutet worden. Es könnte sich um die Darstellung eines Verurteilten handeln.

Die kleine Gestalt soll an eine Begebenheit des Jahres 1032 erinnern, als Abgeordnete der Bremer Bürgerschaft bei der mildtätigen Gräfin Emma von Lesum über Mangel an Weideland klagten. Der Sage nach versprach die Gräfin, der Bürgerschaft soviel Grund zu vermachen, wie ein Mann an einem Tag umschreiten könne. Herzog Benno von Sachsen, der Bruder des verstorbenen Grafen, fürchtete um sein Erbe und beauftragte deshalb einen Krüppel damit, die Weidegründe zu umkriechen. Zur Überraschung aller fiel das Land dabei ausgesprochen groß aus. Aus Dankbarkeit und zur Erinnerung daran haben die Bremer Bürger den Krüppel an der Rolandsäule in Stein hauen lassen.

Im Nordosten Bremens – zwischen Weidedamm und Parkallee – kann man heute den Bürgerpark mit dem sog. *Emma-See* besuchen.

‚Gluckhenne' am Rathaus

Das zwischen 1405 und 1410 in gotischem Stil erbaute Rathaus am Marktplatz erhielt Anfang des 17. Jh. seine Renaissance-Fassade. Über dem zweiten Bogen von links ist im rechten Zwickel eine Szene ausgehauen, die symbolisch Liebe und Treue darstellt: Eine weibliche Gestalt legt schützend den Arm um ein Nest, in welchem eine Henne mit ihrer Brut sitzt. Bei wandernden Handwerksburschen galt die Glucke als Wahrzeichen des Bremer Rathauses.

Die Gründungssage der Stadt erzählt, daß eine Anzahl heimatlos gewordener Menschen auf der Weser schiffte. In der Dämmerung folgten sie einer Henne, die für ihre Küken ein Nachtlager suchte. Dort, wo diese sich auf einer Düne niederließ, gründeten die Neuankömmlinge eine Siedlung, aus der die Stadt Bremen hervorging.

Ratskeller

In seinem baulichen Bestand hat sich der Ratskeller seit 1410 kaum verändert. In der dreischiffigen Haupthalle sind die drei östlichen Joche – der ursprüngliche Zechraum – mit Fresken zu *Wilhelm Hauffs* ‚Phantasien im Bremer Ratskeller' geschmückt. In der 1827

Würfelecke im Bremer Ratskeller

erschienenen Erzählung mit dem Untertitel „Ein Herbstgeschenk für Freunde des Weines", in dem Hauff heiter-ironisierend und mit satirisch-kritischen Zeitbezügen die Stadien eines wachsenden Rausches in phantastische Spukbilder umsetzt, läßt sich der Erzähler in den unterirdischen Gewölben des Ratskellers bei den riesigen Fässern einschließen, wo sich um Mitternacht die Geister des Weines (die Zwölf Apostel, Bacchus und Jungfer Rose) mit der Statue des Steinernen Rolands zu einem ausgelassenen Gelage treffen. Ein Anbau von 1545 beherbergt den *‚Rosen-‘* sowie den *‚Apostelkeller‘*. Der im Westen anschließende *‚Bacchuskeller‘* zeigt das Wahrzeichen des Ratskellers, einen auf einem Schaufaß thronenden Bacchus. Das sog. Kaiserzimmer stand aufgrund eines Privilegs einst nur dem Bremer Rat, später dem Senat als Weinkeller zur Verfügung. Der Ratskeller mit seinen eindrucksvollen und unterschiedlichen Räumen folgt als Speise- und Weinlokal einem Ratsbeschluß aus dem frühen 19. Jh. Danach sind die über 600 Weine wie auch die angebotenen Speisen ausschließlich deutscher Herkunft. Übrigens wird seit dem Jahre 1405 kein Bier im Bremer Ratskeller ausgeschenkt.

Für die Silvesternacht des Jahres 1651 bezeugt der Ratskellermeister eine grauenvolle Begebenheit, die sich im *‚Schwarzen Loch‘*, einer verrufenen Spielerecke des Kellers, zugetragen haben soll. Als nach langem Zechen und Würfeln ein Zimmermann schließlich sein Leben als Einsatz bot, fuhren mehrere Skelette aus dem Boden empor. Da es gerade Mitternacht geschlagen hatte, ergriffen die anderen Mitspieler entsetzt die Flucht. Am Morgen nach dem gespenstischen Treiben fand der Kellermeister den Spieler tot auf. Daraufhin wurde das ‚Schwarze Loch‘ auf Geheiß des Bremer Rates zugemauert. Heute noch zeigt man diese Stelle, hinter der besonders in der Neujahrsnacht seltsame Geräusche zu hören sein sollen.

Bremer Rathaus

Bremer Stadtmusikanten

Die Szene der aufeinanderstehenden Tiere ist in Bremen mehrfach künstlerisch dargestellt worden, so z. B. auf der Brunnenröhre im Handwerkerhof der Böttcherstraße. Die heute bekannteste Skulptur an der Westseite des Rathauses wurde 1952 von Professor *Gehard Marcks* geschaffen. Das Märchen der Brüder Grimm erzählt von vier alten ausgedienten Tieren, einem Esel, einem Hund, einer Katze und einem Hahn, die sich auf den Weg nach Bremen machen, um dort Stadtmusikanten zu werden. In der Nacht verjagen sie mit einer List Räuber aus deren Haus. Dabei stehen sie so aufeinander, wie aus Märchenbüchern in aller Welt bekannt.

Bleikeller unter dem St.-Petri-Dom

Die Errichtung des Domes, des ältesten sakralen Gebäudes Bremens, begann bereits im 9. Jh. Sein frühgotisches Gepräge erhielt der am Marktplatz stehende St.-Petri-Dom in der ersten Hälfte des 13. Jh. Im sog. Bleikeller, in dem ursprünglich die Bleiplatten für die Dachdeckung aufbewahrt wurden, sind mehrere mumifizierte Leichen zu sehen. Daß dieser Raum Körper vor dem Zerfall bewahrt, entdeckte man zufällig, als nämlich ein im Jahre 1450 tödlich verunglückter Dachdecker dort vergessen und Jahre später gut erhalten wiedergefunden wurde. Im 17. und 18. Jh. setzte man weitere Leichname von Verunglückten, Nichtidentifizierten oder auf der Durchreise Verstorbenen darin bei. Die Ursache für deren Mumifizierung, die bis heute anhält, ist noch nicht geklärt. Es existieren dazu verschiedene naturwissenschaftliche Theorien.

‚Spuckstein' auf dem Domhof

Am 21. April 1831 fand in Bremen auf dem Domhof die letzte öffentliche Hinrichtung statt. Dabei wurde die mehrfache Giftmörderin *Gesche Gottfried* enthauptet. Angeblich rollte ihr Kopf bis zu einem heute mit einem weißen Kreuz markierten Pflasterstein vor dem Brautportal.

Aus Abscheu vor der Täterin spucken Passanten auf diesen Stein. Allerdings sollen am 21. April auch schon Kränze von Unbekannten niedergelegt worden sein, die Aufschriften trugen wie „150 Jahre Verachtung sind genug".

Die 1783 geborene Gesche Margarete Gottfried war die Tochter eines Bremer Damenschneiders, deren Ehrgeiz dahin ging, in ‚bessere' Gesellschaftskreise aufzusteigen. Gesche Gottfried hat sowohl ihre beiden Ehemänner wie auch ihre Eltern, ihre Kinder, ihren Zwillingsbruder sowie etliche weitere Personen, die nicht zur Familie gehörten, mit ‚Mäusebutter' (Arsenik) vergiftet; das Motiv dürfte hauptsächlich Geldnot gewesen sein. Gottfrieds Persönlichkeit war schon bei den Zeitgenossen umstritten – es bleibt offen, inwieweit ihr Tun als Ausdruck eines pathologischen Charakters gewertet werden muß.

Vasmerkreuz

Das Original aus Sandstein wird seit 1977 im Focke-Museum ausgestellt. An seinem ursprünglichen Platz, Beim *Steinernen Kreuz,* kann man eine getreue Nachbildung besichtigen. Das Denkmal erinnert an den gewaltsamen Tod des Bürgermeisters Johann Vasmer am 20. 6. 1430. Vorausgegangen waren seit dem Jahre 1424 innenpolitische Wirren, in deren Verlauf die Bürgerschaft Beteiligung an der Ratswahl forderte. Hinzu kamen außenpolitische Schwierigkeiten, die zum Ausschluß Bremens aus der Hanse führten. Bürgermeister Vasmer, der wahrscheinlich nur zwischen den streitenden Parteien vermitteln wollte, geriet in den Verdacht, Hochverrat begangen zu haben. Nach kurzem Prozeß – die Überlieferung sagt, der Bremer Rat sei Kläger, Richter und Zeuge in einem gewesen – wurde Vasmer enthauptet. Spätere Ermittlungen konnten eine Schuld des Bürgermeisters nicht nachweisen. Sein Sohn klagte beim Kaiser gegen den Rat, und Bremen wurde mit der Reichsacht belegt. Erst nach langwierigen Bemühungen gelang es der Stadt, sich daraus zu lösen. Im Jahre 1435 errichtete Vasmers Familie an der Stelle seiner Hinrichtung das Steinkreuz.

Marterburg
Die Straße mit Namen Marterburg befindet sich im „Schnoor", einem ehemals kleinbürgerlichen Wohnviertel, von Fischern und Handwerkern geprägt. Heute gehört der Schnoor als Künstler- und Kneipenviertel zu den touristischen Attraktionen der Stadt. Während des 2. Weltkrieges wurde Bremen stark zerstört. Doch der Schnoor, im östlichen Teil der Altstadt nahe der Weser gelegen, ist als einziges Viertel zusammenhängend erhalten geblieben.
Das ehemalige Kornhaus oder Mehllager in der Marterburg Nr. 28 trägt über dem Türsturz die Jahreszahl 1729. Es ist aber, ebenso wie das Haus Nr. 27, ein Jahrhundert früher entstanden. Die spätere Zahl ist mit dem Wechsel des Eigentümers zu erklären. Die Bezeichnung ‚Marterburg' deutet auf eine alte Maßeinheit hin, denn die Ware wurde in ‚Matten' gelagert (1 Metze = 60 Pfund).
Eine Volkserzählung nennt jedoch einen anderen Grund für den Straßennamen: Als die Ungarn – im Volksmund Hunnen geheißen – im Jahre 918 in Bremen eindrangen, den Dom in Flammen setzten und die Priester erschlugen, stieg ein schweres Gewitter auf. Der Blitz erschlug viele Feinde. Andere flohen zur Weser, in der sie ertranken. Wieder andere wurden von den Bremern in eine Gasse gedrängt, in der Frauen aus den Fenstern siedendes Wasser und Öl auf die Eindringlinge gossen. Seitdem soll diese Gasse den Namen Marterburg führen.

BROCKZETEL (Lkr. Aurich)

Brockzeteler Meer
Der See, der auch gerne zum Baden genutzt wird, ist von Aurich aus über die Egelser Straße, dann über die Brockzeteler Straße zu erreichen. Man fährt durch einen Wald und gelangt schon nach kurzer Wegstrecke an das sog. Meer, das links an der Straße liegt.
Vor Zeiten soll es hier viele Fische gegeben haben, so daß die umwohnenden Fischer reiche Fänge an Aal und Hecht machten. Wenn aber die Laichzeit kam, warfen sie ihre Netze nicht aus, damit die Tiere sich wieder vermehren konnten. Einige der Fischer kamen jedoch auf die Idee, das ganze Meer leer zu fischen. Sie gingen nachts hinaus und hatten Glück, da sie einen großen Fang machten. Da wollten die anderen nicht nachstehen, und sie warfen gemeinsam die Netze aus, bis alle Boote voll waren. Dann wollten sie aufhören, aber einer rief: „Is dat de Fiß alle?" Aus dem

Wasser klang es: „Dat is he bis up ene, man ji kriegen kien ene!“ Sie begehrten auch diesen einen noch heimzutragen, und ihr Netz war plötzlich schwer. Darin befand sich ein riesengroßer Hecht – der Fischkönig – und glotzte mit Augen, die so groß wie die eines Kalbes waren, die Männer an. Als sie mit vereinten Kräften versuchten, das schwere Netz hochzuziehen, kippten ihre Boote, und der gesamte Fang glitt ins Meer zurück. Mit knapper Not kamen die Fischer an Land und gingen mit leeren Händen nach Hause.

BRUCHHAUSEN-VILSEN (Lkr. Diepholz)

Am Rande der reizvollen Moränenlandschaft der *‚Syker Geest‘* befindet sich der Flecken Bruchhausen-Vilsen. Er liegt nördlich der B 6 zwischen Syke und Nienburg. Zahlreiche Hügelgräber in der Umgebung lassen auf eine frühe Besiedlung dieses Gebietes schließen. In vorgeschichtlicher Zeit mag der *Heiligenberg* eine heidnische Kultstätte gewesen sein. Später – wahrscheinlich während der Sachsenkriege – wurde hier eine große Wallburg angelegt. Heute noch ist in einiger Entfernung um das *‚Forsthaus Heiligenberg‘* der frühere Ringwall vorhanden.

Im Jahre 1216 erfolgte die Gründung eines Prämonstratenserklosters, das der Gottesmutter geweiht war. Das durch Schenkungen zu Wohlstand gelangte Kloster wurde 1543 im Zuge der Reformation säkularisiert. Nach dem Abbruch lieferte es Baumaterial für das Schloß der Gräfin Katharina, die – 1563 verwitwet – Alt-Bruchhausen als Wohnsitz wählte. Von den einst zahlreichen Klosterbauten existiert lediglich noch die Obere Wassermühle, die heute meist als *‚Klostermühle‘* bezeichnet wird.

Das Schloß stand auf dem Areal des heutigen Amtshauses, das 1775 erbaut wurde. 1583 kam die Herrschaft über Bruchhausen durch Erbgang an das Welfenhaus.

Die schöne Welfenprinzessin Sophie Dorothee (1666 bis 1726) weilte oftmals in Bruchhausen. Um die Vereinigung der Herzogtümer Braunschweig-Lüneburg und Hannover herbeizuführen, wurde die erst 16jährige zur Heirat mit Georg Ludwig gedrängt. Er war ab 1698 Kurfürst von Hannover und ab 1714 zugleich als Georg III. König von England. Die Prinzessin wohnte mit ihm im Schloß zu Herrenhausen bei Hannover und gebar zwei Kinder, Georg August und Sophie Dorothee; ihre Ehe galt allerdings als unglücklich. Als der schwedische Oberst Graf von Königs-

Sophie Dorothee, Prinzessin von Ahlden, 1666–1726, Tochter Herzog Georg Wilhelms und Eleonore d'Olbreuse. Die schöne Welfenprinzessin Sophie Dorothee war oft in Bruchhausen. Ihr tragisches Schicksal hat immer wieder die Herzen der Menschen bewegt. Unter dem Namen ‚Prinzessin von Ahlden' ist sie in die Geschichte eingegangen.

marck in hannoversche Dienste trat, kam es zu einer Liebesbeziehung zwischen den beiden. Wenn die Prinzessin im Jagdschloß zu Bruchhausen weilte, trafen sie sich bisweilen heimlich. Zeugen der verhängnisvollen Liebe sind die Memoiren und Briefe Sophie Dorothees. Nachdem sie die Scheidung verlangt hatte, wurde Graf von Königsmarck im Welfenschloß zu Hannover ermordet. Die Kurprinzessin wurde 1694 von Georg Ludwig geschieden und auf das einsame Schloß zu Ahlden an der Aller verbannt. Deshalb ist sie auch als die ‚Prinzessin von Ahlden' bekannt geworden.

Der Name ‚Mutter der Könige' drückt aus, daß sie Stammutter der ehemaligen Königshäuser von Hannover und Preußen wurde. Ihr Sohn war Kurfürst von Hannover und gleichzeitig König Georg II. von England. Ihm folgte dessen Enkel in der Herrschaft, Georg III. Unter seiner Herrschaft wurde Hannover 1814 Königreich. Die Tochter Sophie Dorothee heiratete Friedrich Wilhelm I. von Preußen. Ihr gemeinsamer Sohn war Friedrich der Große.

Vilser Kirche
Das Gründungsjahr der St. Cyriakus-Kirche zu Vilsen, einer der ältesten Kirchen im alten Largau, ist nicht bekannt. Die erste urkundliche Erwähnung eines Kirchspiels Vilsen erfolgte im Jahre 1227. Der älteste Teil der Vilser Kirche stammt vermutlich schon aus dem 10. Jh. Wahrscheinlich zu Anfang des 13. Jh. wurden Turm und Längsschiff im romanischen Stil erbaut. Seit dem Umbau der ursprünglichen Feldsteinkirche im 16. Jh. weist sie die gotische Ausprägung auf.
Der Überlieferung zufolge sollen sich unter dem Gotteshaus drei Gänge kreuzen, die einst von Zwergen benutzt wurden. Sie führen von Bruchhöfen, Ochtmannien und Uenzen zum Heiligenberg, wo das kleine Volk sich zu Festen traf.

Heiligenberg mit ‚Wünschbrunnen'
Auf dem Heiligenberg ließ Georg III. im Jahre 1794 ein Vorwerksgebäude errichten, das als Revierförsterei diente. Es hatte bereits eine Schankkonzession, welche dem Hause bis heute erhalten blieb. Das ehemalige Forsthaus befindet sich heute in Privatbesitz und beherbergt eine Gaststätte. Der alte Ziehbrunnen neben dem Anwesen hat sich seit den Zeiten des ehemaligen Klosters erhalten.
Aus diesem sog. Wünschbrunnen soll man in einer Vollmondnacht dreimal mit der flachen Hand Wasser trinken. Weiter rät der Volksmund, dreimal kreuzweise über den Brunnen zu treten, damit einem der liebste Wunsch in Erfüllung gehe.

BÜCKELTE (Haselünne, Lkr. Emsland)

Antoniuskapelle
Das Dorf Bückelte ist seit 1966 Ortsteil der Stadt Haselünne und weist als Hauptsehenswürdigkeit die kath. Kapelle des St. Antonius von Padua auf. Das spätgotische Gebäude stellt ein bekanntes Baudenkmal des Emslandes dar. An den Sandsteinfassungen der Eingänge und Turmecken sind tiefe Ritzen und Aushöhlungen zu erkennen. Die Überlieferung spricht von Wetz- und Schürfspuren von Waffen und

Bildnis des hl. Antonius von Padua in der Antonius-kapelle zu Bückelte

Geräten. Vielleicht handelt es sich aber auch um sog. Pestlöcher, in die abergläubische Menschen die Krankheit hineinblasen wollten. Nach einer anderen Deutung wurde Steinpulver zu Heilzwecken herausgeschabt (→ Nordwohlde, → Blexen).

Der Patron dieses Gotteshauses, St. Antonius, wird gegen Feuersnot, Pest und andere Seuchen angerufen. Im Kircheninneren ist an der rechten Seitenwand ein Standbild zu sehen. Es stellt Antonius in der Tracht eines Franziskanermönchs dar; seine Attribute sind das offene Buch mit dem darauf sitzenden Jesuskind und die Lilie. Die Jahreszahl 1508 über dem Turmeingang bezeichnet wahrscheinlich das Baujahr des Turmes. Das Kapellenschiff könnte früher entstanden sein. Wertvolle Urkunden zur Entstehungsgeschichte sollen 1908 einem Brand zum Opfer gefallen sein.

Die Legende erzählt von einem Kloster in Esterwegen, das einst von Rittern zerstört wurde. Die Johanniterbrüder in Klosterholte, rechtzeitig gewarnt, flohen. Später soll ein Tier mit verbundenen Augen die Stätte des Wiederaufbaus gewiesen haben. In Bückelte ließ es sich nieder und zeigte damit den Willen einer höheren Macht an.

Die geschichtliche Überlieferung bestätigt die Zerstörung von Templer- und Johannitergründungen durch die Grafen von Tecklenburg im Jahre 1364/65. Heutzutage wird die Kirche besonders am Patronatsfest des hl. Antonius stark besucht. Aber auch Hochzeiten feiert man gerne in der kleinen Kirche auf dem Kapellenberg. Wenn die Kirche verschlossen ist, kann sich der Besucher beim Eigentümer des nahegelegenen Bauernhofes, der Familie Robben, den Schlüssel aushändigen lassen.

BÜCKEN (Grfsch. Hoya, Lkr. Nienburg)

Stiftskirche

Das Kollegiatstift Bücken liegt westlich der B 215 zwischen Verden und Nienburg. Es wurde um 885 von Erzbischof *Rimbert von Bremen* gegründet. Im Jahre 1649 wurde es aufgelöst, nachdem es seit der Reformation allmählich immer mehr verfallen war. Lediglich die ursprünglich romanische Stiftskirche blieb bestehen und erfuhr von 1863–68 eine tiefgreifende Restaurierung.

Die Sage weiß, daß Erzbischof Rimbert die Mönche von Bassum veranlaßt hatte, einen geeigneten Platz für eine Kirche in Bücken ausfindig zu machen. Diese zogen mit einem Esel, der ein geweihtes Holzkreuz trug, in Richtung Osten. Sie beteten zu Gott, er möge das Tier an jenem Platz niederknien lassen, an dem die Kirche errichtet werden solle. An einer eichenumstandenen Stelle bückte sich der Esel, worauf die Kirche dort aus Eichenholz gebaut wurde. Die Stätte erhielt zur Erinnerung an die Begebenheit den Namen ‚Bücken'.

BUNDERHEE (Lkr. Leer)

Steinhaus

Etwa 4 km nordöstlich von Bunde – im Rheiderland – liegt das Dorf Bunderhee. Zwischen 1391 und 1471 lassen sich hier Friesenhäuptlinge nachweisen. Der Rest einer Häuptlingsburg aus dem 14. Jh. befindet sich noch heute an der Hauptstraße in Bunderhee. Es handelt sich um das sog. *Steenhus,* einen mehrgeschossigen turmartigen Backsteinbau. Im Westen schließt sich ein eingeschossiger Barockbau an, der unter Verwendung älterer Bausubstanz 1712 errichtet wurde. Das ‚Steinhaus' beherbergt heute die *‚Norddeutsche Orgelakademie'*, eine Begegnungsstätte für Musiker aus aller Welt, die hier auf alten Instrumenten spielen.

Der Sage nach soll sich in diesem Haus eine traurige Liebesgeschichte abgespielt haben. Ein junger Ritter verlor einst sein Herz an das schöne Fräulein, das hier wohnte. Doch die Stolze wollte sein beständiges Wer-

Unter Aufsicht eines Teufels wird von der Hexe ein Trank bereitet, Stich von J. Aliamet nach einem Gemälde von David Teniers d.J. (1610–1690

ben nicht erhören. Schließlich entschloß sich der Ritter, seiner Liebe zu entsagen und dem Kreuzzug ins gelobte Land zu folgen. Dort – so hoffte er – würde der Tod ihn von seinem Kummer erlösen. Eine alte Frau, die Mitleid verspürte, wollte dem jungen Mann auf geheimnisvolle Weise helfen. Sie verabreichte dem ahnungslosen Fräulein einen Liebestrank und schrieb an einen Balken des Hauses sieben rätselhafte Zeichen. Als die Schöne aber ihrerseits von Sehnsucht erfaßt wurde, befand sich der Geliebte schon auf dem Weg gen Süden. Eines Tages kam die Kunde, er sei vor Antiochien gefallen. Bald darauf folgte die Jungfrau ihm in den Tod. Seitdem mußte sie allnächtlich im Steinhaus als weiße Gestalt umgehen. Ein neuer Bewohner des Hauses entdeckte durch Zufall auf dem Dachboden die seltsamen Zeichen am Balken. Er ahnte nichts vom alten Liebeszauber und hielt

Steinhaus.
Die älteste erhaltene ostfriesische Häuptlingsburg

seinen kleinen Sohn für den Urheber der Handschrift. „Daar het de dumme Jung sien Kreienpoten ook an de Balke margelt. Gien Minske kan't lesen, un doch is de Bengel al'n half Jahr bi't Schrifen," sprach er und löschte das vermeintliche Gekritzel aus – damit war das Fräulein erlöst.

CLOPPENBURG (Lkr. Cloppenburg)

C

Burg

Eine der Urpfarreien im Lerigau war die bereits im Jahre 855 erwähnte St.-Andreas-Kirche in *Krapendorf.* Als Tochterkirche von Visbek unterstand sie bis 1803 dem Patronat des Klosters Corvey. Innerhalb des Kirchspiels Krapendorf gründeten die Grafen von Tecklenburg vor 1297 an der Soeste die Cloppenborg. Mit dieser sowie der Schnappenburg bei Barßel und der Burg zu → Friesoythe überwachten die Grafen den Weg von Osnabrück nach Emden, der über Wasser und Land führte. Außerdem beherrschten sie die Flämische Straße, die von Lübeck – Bremen über Wildeshausen – Lingen nach Brügge führte. Am Schnittpunkt beider Straßen gelangte die Cloppenborg zu Bedeutung und wurde im Jahre 1393 von Münster und Osnabrück erobert. 1411 erhielt die Burgsiedlung das Marktrecht, und 1435 verlieh ihr der münstersche Bischof Stadtrecht und Wappen. Im Jahre 1716 brannte die Burg aus und verfiel allmählich. Im 19. Jh. entstanden an ihrer Stelle – im heutigen Stadtpark – verschiedene Verwaltungsgebäude, u. a. das oldenburgische Landgerichtsgebäude im klassizistischen Stil. Seit 1985 kann die Rekonstruktion eines Teils der

Burggrundmauern an ihrem einstigen Ort besichtigt werden.
Es gibt eine kurze und einfache Volksüberlieferung, die sich mit der alten Feste beschäftigt. Sie besagt, daß Graf Otto von Tecklenburg im 13. Jh. die Cloppenburg in der Soesteniederung errichtete. Hauptaufgabe der Besatzung sei gewesen, die Gegner des Grafen zu ‚kloppen'. Daher soll der Name der Stadt stammen.

Eberborgbrunnen
Am Anfang der Fußgängerzone Cloppenburgs steht am westlichen Ende der Lange Straße ein Brunnen. Das Werk des Künstlers *Peter Lehmann* stellt zahlreiche Bauern dar, die in Mimik und Gestik Ahnungslosigkeit zum Ausdruck bringen. Den Bauern gegenüber kniet ein Mann mit Taube bei einem Schwein. In einer Inschrift spielen Verse auf eine Begebenheit an, die dieser Plastik zugrundeliegt:

„Fall Eberborg
in Sevelten!
Wer waren die
die frevelten?"

„Up dat Ohr
sünd wi nich gesund,
wi hevt dör woll
Gedächtnisswund!"

Der „Fall Eberborg" hat sich im Jahre 1929 in Sevelten bei Cloppenburg zugetragen. Zunächst war in Westeremstek ein kastrierter Eber, ein ‚Eberborg', gepfändet worden, weil sein Besitzer nicht in der Lage war, seine Steuerschuld zu begleichen. Auf den folgenden Auktionen fand sich jedoch kein Käufer für das Schwein, da sich die anwesenden Bauern ihrem Standesbruder verpflichtet fühlten. Schließlich wurde das Tier von einem Amtsschreiber gekauft und auf den elterlichen Hof nach Sevelten gebracht. Daraufhin taten sich zahlreiche Männer zusammen, um den Eberborg auf illegalem Weg in seinen heimatlichen Stall zurückzuführen. Festnahmen der Rädelsführer waren die Folge, wodurch die Unruhe unter den Landwirten nur geschürt wurde. Eine Sondersitzung des Landtages beschäftigte sich mit dem Fall, und 1930 kam es zum Prozeß, bei dem Angeklagte und Zeugen die Aussage verweigerten. Die verhängten Freiheitsstrafen wurden nie ganz verbüßt, die Geldstrafen bald schon aufgehoben. Die Bauern fühlten sich überlegen im Kampf gegen die Obrigkeit und in ihrem Zusammengehörigkeitsgefühl gestärkt.

CUXHAVEN (Lkr. Cuxhaven)

Alte Liebe

Den Kern des alten Cuxhaven bildete eine von Schiffern, Lotsen und Kaufleuten bewohnte Reihensiedlung. Der älteste Teil, die *Hardewieck* im heutigen Stadtteil *Ritzebüttel,* entstand noch vor der Eindeichung im 11. Jh. Eine alte Bezeichnung ist *‚Kooghafen',* 1570 wird von *‚Kuckeshaven'* gesprochen. Im Jahre 1730 wurde die Kugelbake, ein Seezeichen an der äußersten Landspitze, das Wahrzeichen Cuxhavens, aufgestellt. Zwei Jahre später baute man als Bollwerk die ‚Alte Liebe' aus mehreren an dieser Stelle versenkten Schiffen. Eines von diesen soll ‚Olivia' geheißen haben, wodurch sich die Bezeichnung als Fehlübersetzung in ‚Ol Liev' deuten ließe.
Der Volksmund gibt eine andere Erklärung für die Namensbildung: Ein junges Ehepaar lebte in Armut und mußte sich den Lebensunterhalt hart erarbeiten. Der Mann wagte die gefährlichsten Seereisen, um das tägliche Brot zu verdienen. Bei stürmischer See erwartete seine Frau ihn eines Tages an der Elbmündung, als er von Helgoland zurückkehren sollte. Endlich erblickte sie ihn, wie er an Bord seines Schiffes stand und ein weißes Tuch schwenkte. Doch plötzlich wurde er von einer Brechsee erfaßt und ins Meer gerissen. Ihre Verzweiflung war so groß, daß sie sich ins Wasser stürzte. Später stellte sich heraus, daß ihr Mann zwar zur gleichen Stunde ertrunken war, jedoch vor Helgoland. Wegen der weiten Entfernung konnte sei-

Alte Liebe

ne Frau ihn nicht gesehen haben – es muß sich also um eine Erscheinung gehandelt haben. Zur Erinnerung an diese Begebenheit wurde das Vorwerk ,Alte Liebe' genannt.

DAMME (Lkr. Vechta)

Mordkuhlenberg

Die Dammer Berge gehören zum sog. Rehburger Endmoränengürtel. Ihre Begrenzung bilden im Norden die Stadt Vechta, im Osten das Grenzmoorgebiet gegen die Grafschaft Diepholz und die Dümmerniederung, im Süden das Große Moor südlich Damme und im Westen hauptsächlich das Holdorfer Geestsandgebiet. Der Signalberg, die höchste Erhebung der Dammer Berge, erreicht eine Höhe von 146 m. Er kann nicht bestiegen werden, da sich eine amerikanische Relaisstation darauf befindet. In seiner Nähe liegt der durch die Volkssage bekannte Mordkuhlenberg mit 142 m Höhe. Auf ihm steht ein Aussichtsturm, der einen Blick besonders nach Norden über die hügelige Landschaft gewährt. Zu erreichen ist dieses Ausflugsziel über die mit Eichen eingefaßte Landstraße Damme – Steinfeld. Rechter Hand befindet sich an der Gaststätte Schweizerhaus ein Parkplatz mit Wegweisern auf Spazier- und Wanderwege. Die schon in vorchristlicher Zeit wichtige Straße von Münster über Osnabrück und Vechta nach Bremen hatte zwischen Damme und Steinfeld in den Dammer Bergen eine berüchtigte Strecke, auf der Wegelagerer die Reisenden überfielen. Der Mordkuhlenberg verdankt seinen schaurigen Namen einer alten Geschichte:

In einer versteckten Höhle des Berges sollen Räuber gehaust haben, die Vorüberkommende ausraubten, ermordeten oder in ihre Höhle schleppten. Ein Glöckchen in ihrer Behausung war durch Stricke mit dem Weg verbunden. Es läutete, wenn jemand dort entlang ging und die Stricke berührte. Einst wurde ein Mädchen aus Steinfeld namens Anna Wieverich Opfer der rauhen Gesellen. Sie mußte des Räuberhauptmanns Frau werden. Erst nach siebenjähriger Gefangenschaft gewährte man ihr auf langes Flehen hin den Besuch der Weihnachtsmesse in Damme. Anna mußte versprechen, ihren Aufenthaltsort an niemanden zu verraten. Nach Beendigung des Gottesdienstes aber sprach sie an der Kirchenmauer:

Ermordung eines Reisenden. Praxis rerum criminalium, 1554

„Kirchenmauer, dir klage ich,
ich heiße Anna Maria Wieverich.
Ich streue Erbsen auf meinen Weg,
bis da, wo ich mich schlafen leg."

Die Umstehenden erinnerten sich, daß vor sieben Jahren eine Person gleichen Namens spurlos verschwunden war. Man folgte der jungen Frau auf dem Rückweg und gelangte an eine durch Dornengestrüpp verdeckte Falltür am Fuße des Mordkuhlenberges. Die Räuber wurden überwältigt und später an den Galgen gebracht, das Mädchen aber zu seiner Familie geführt. Eine andere Fassung erzählt, Anna Wieverich sei von den Räubern aus Wut über die Entdeckung ermordet worden.

Bexadde
Die Bexadde ist einer von zahlreichen kleinen Bächen, die am Rande der Dammer Berge entspringen,

und an denen man heute noch Wassermühlen finden kann. Ihr Tal ist eines der schönsten Wiesentäler in diesem Gebiet. Man erreicht es, wenn man die Holdorfer Straße in Richtung Damme befährt, jenseits der Bahn an der großen Kläranlage Bergsee vorbeikommt und bald darauf an der Schachtanlage ‚Glückauf', wo Eisenerz gefördert wird. Kurz hinter dem Bahnübergang zweigt rechts ein Waldwanderweg ab. Er trifft etwa in Höhe des Bexaddehofes auf das Tal und führt bachabwärts am bewaldeten Steilufer des quellenreichen Wiesentales nach Damme. Dort überspannt außerhalb des Waldes eine Holzbrücke den Bach, der ein wenig weiter unten an der Neuenkirchener Straße das Mühlrad einer alten Wassermühle treibt. Jenseits der Bahn speist das Flüßchen das Dammer Freibad.
Zur Zeit Ludwigs des Frommen sollen ein Verwandter Widukinds mit Namen Ebbo von Harpen und sein Knappe Sievke auf der Jagd in die Schlucht der heutigen Bexadde geraten sein. Nach vielen Tagen des Umherirrens flehte Ritter Ebbo seine Götter vergeblich um Wasser an. Als er zuletzt zum Christengott betete und gelobte, Kirchen und Altäre bauen zu lassen, stand plötzlich eine Fee vor den Jägern. Sie sagte, daß sie Bexadde heiße und mit ihrer wunderwirkenden Gerte Quellen öffnen könne. Sie fordere zum Dank keine Altäre, sondern den Bau eines nach ihr benannten Gehöftes, in das Sievke mit seiner zukünftigen Frau ziehen solle. Ebbo willigte freudig ein, und die Nymphe ließ eine Quelle hervorsprudeln. Nach Jahresfrist führte der Ritter seinen getreuen Knappen und dessen Braut in einen neu eingerichteten Meyerhof. Während des Festes erschien die Fee und überreichte der Braut eine Rose, deren Blüten und Dornen Freude und Leid in der Ehe symbolisieren sollten.

Delmenhorst

Burginsel

Die Burg Delmenhorst wurde Mitte des 13. Jh. als Wasserburg durch die Grafen von Oldenburg am Flüßchen Delme erbaut. Ihre Aufgabe war die Überwachung der Flämischen Straße (Lübeck – Bremen – Brügge) und des Stedinger Weges, die beide hier vorüberführten. In ihrem Schutz entstand eine Siedlung, welche 1371 das Bremer Stadtrecht erhielt. Als Residenz einer Nebenlinie des Hauses Oldenburg errang die Burg Bedeutung, zumal sie allmählich erweitert und stärker befestigt wurde. Mitte des 15. Jh. bewohnte Graf Gerd von Oldenburg, genannt der Mutige, die Feste. Unter Bruch des zugesicherten Geleits plünderte er wiederholt hansische Frachtfuhrwerke (→ Immer). 1481/82 mußte er sich nach mehrmonatiger Belagerung durch Bischof Heinrich von Münster ergeben. Die Rückeroberung gelang erst im Jahre 1547 durch einen kühnen Handstreich des Oldenburger Grafen Anton I.

Nach dem Aussterben des Oldenburger Grafengeschlechts im Jahre 1667 erlebte das Anwesen eine wechselvolle Geschichte. Von der im Jahre 1711 vollständig abgerissenen Anlage sind heute wenige Reste erhalten. Einen guten Überblick gewährt der 42 m hohe Wasserturm, von dessen Höhe man die doppelte Graftanlage überschaut. Ebenso wie die Bezeichnung ‚Burginsel' für die von der Delme umflossenen Parkanlagen erinnern noch die Straßennamen ‚An den Graften' und ‚Burggrafendamm' an die ehemalige Befestigung.

Unweit der Burginsel befindet sich die evangelische Stadtkirche, das ehemalige Kollegiatstift St. Marien, das 1285 gegründet wurde. Hier ist die Delmenhorster Grafengruft zu besichtigen. Über dem Eingang fand ein sandsteinerner Türsturz mit der Jahreszahl 1547 seinen Platz, der sich einst in der Burg befand.

Bezüglich der mehrmonatigen Belagerung der Burg im 15. Jh. und deren Ursachen sei die Geschichtsschreibung der Raubritterzeit durch einige erzählerische Einzelheiten ergänzt: Graf Gerd von Oldenburg (1440–1463) pflegte Geleitbriefe an Händler zu verkaufen, die mit ihrer Ware sicher reisen wollten. Ein Kaufmann aus Lübeck, der in Antwerpen kostbare Tuche erworben hatte, mußte für einen solchen Brief 50 Goldgulden zahlen. Dieser enthielt die Versicherung, daß Graf Gerd freies Geleit für die Güter all seiner Freunde gewähre, seinen Feinden aber Feind sei. Bald darauf sah sich der Tuchhändler betrogen, denn Graf Gerd fragte, ob er die Abmachung auch sorgfältig gelesen habe. Als Lübecker sei der Kaufmann sein Feind, da er – Graf Gerd – von den Lübeckern kürzlich aus Holstein verjagt worden sei. So mußte der Geprellte mit großem Verlust abziehen. Anderen erging es schlimmer. Sie wurden im berüchtigten Burgverlies festgehalten, bis sie gegen hohes Lösegeld freigelassen wurden. Wessen Angehörige den Preis nicht zu zahlen vermochten, der mußte zeitlebens im Kerker verbleiben.

Schließlich wollte der Münstersche Bischof das schändliche Treiben nicht länger dulden. Er versuch-

Die Oldenburger erobern Burg Delmenhorst zurück. Holzstich, 1599

te, das Haus Delmenhorst auszuhungern, doch die Burgbewohner hielten lange durch. Als sie nur noch eine magere alte Sau hatten, wurde diese täglich gequält, damit ihr Quieken eine Schlachtung vortäuschte. Nach vier Monaten ergaben sich die Belagerten und erhielten einen ehrenvollen Abzug.
Von der Rückeroberung der Burg Delmenhorst durch die Oldenburger im Jahre 1547 erzählt die Sage folgendes: Seit seinem Regierungsantritt kannte Graf Anton keinen größeren Wunsch, als den verlorenen Besitz seinem Hause zurückzugewinnen. Doch Bischof Franz von Münster und sein Amtmann in Delmenhorst behaupteten: „Eher werden Schiffe über die Osenberge fahren, als daß Delmenhorst wieder oldenburgisch wird." Diese Aussage sollte sich auf besondere Art bestätigen. Als nämlich an einem Palmsonntag das Haus Delmenhorst nur schwach besetzt war, zog Graf Anton mit einem 3 000 Mann starken Heer über die Osenberge auf Delmenhorst zu. Auf Wagen transportierte er Sturmleitern und kleine Schiffe, deren Außenwand mit Leder bespannt war. Noch vor Morgengrauen erreichten seine Soldaten Delmenhorst, setzten die Schiffe auf die Burggraft und ruderten leise hinüber. Auf den Sturmleitern erklommen sie den Wall und sägten den Plankenzaun entzwei, so daß sie die Zugbrücke herunterlassen konnten. Die überraschten Burgbewohner waren schnell überwältigt und die Burg für Oldenburg zurückerobert.

Schloß

Die Schloßkirche befand sich als Teil der Burg innerhalb der Graftanlage. Von ihr spricht folgende Überlieferung: Nach dem Tode der letzten Gräfin von Delmenhorst gab es zwischen ihren neun Töchtern und dem einen Sohn Streit wegen des Erbes. Es bestand aus zehn Diamanten, von denen einer sich durch besondere Größe auszeichnete und deshalb von allen begehrt wurde. Jede Tochter versuchte für sich ein Vorrecht geltend zu machen – schließlich nahm der Sohn den Edelstein an sich, da er ja der Graf sei. Doch seine Schwestern wollten es nicht dulden, daß seine zukünftige Gemahlin den Diamanten ihrer verstorbenen Mutter tragen sollte. So dauerte der Unfrieden fort, und der Geist der Gräfin mußte wehklagend vor der Burg umgehen.

Als eines Tages ein Pilger im Schloß vorsprach, wurde dieser um Rat gefragt. Der fromme Mann hielt es für das Beste, den Diamanten in der Schloßkirche einzumauern. Nachdem dieser Rat befolgt war, gab es keinen Streit mehr, und der Geist der Gräfin fand ewige Ruhe.

Nach einer anderen Sagenfassung ist der Edelstein in der Kirche zu → Ganderkesee eingemauert worden.

DIEPHOLZ (Lkr. Diepholz)

Schloß

In der Ortschaft ‚Divbrok' errichteten die Edelherren, die sich seit 1160 nach ihrem Sitz benannten, eine Wasserburg. Der Name bezeichnete bereits die durch Wasser und Bruch, d. h. Moor, gesicherte Lage. Vermutlich war das Geschlecht vorher im nahen *Cornau* ansässig. Um 1400 gelangte das Haus zu seiner größten Bedeutung und wurde mit seiner Siedlung in der Amtszeit Johanns III. (1377–1422) schon als ‚oppidum' bezeichnet. 1380 erfolgte die Verleihung des Osnabrücker Stadtrechtes.

Im Jahre 1585 kam der Besitz an die Celler Linie der Welfen. Im Dreißigjährigen Krieg wechselte die Regentschaft als Auswirkung der schweren Kämpfe mehrmals. Das heute erhaltene Mauerwerk stammt aus dem Jahre 1663, als die Burg nach einem Brand wieder errichtet wurde. Als einziger Zeuge mittelalterlicher Bausubstanz besteht lediglich noch der mächtige Rundturm aus Granitblöcken.

Von den Ursprüngen dieses Anwesens, das heutzutage Schloß genannt wird, existiert eine kurze Überlieferung: Demnach wohnten die Grafen von Diepholz

einst auf dem Schlosse zu Cornau. Da sie aber mit den Bremern oft in Streit waren, sagte einer von ihnen: „Wi mütten deiper int Holt gaen!“ So hat er dann im Moor und Holz, d. h. im Wald, ein Schloß mit Namen ‚Diepholz‘ erbaut.
Ein sagenhafter Graf Rudolf von Diepholz soll einst nach Schweden gezogen sein, um Abenteuer zu bestehen. Er führte eine Königstochter als Braut heim. Auf der Rückreise soll das Edelfräulein in einem Dorf Goldstücke unters Volk geworfen haben, was zu dem Namen → ‚Goldenstedt‘ geführt haben soll.

Die Münte
Die ehemalige Münzstätte auf der südlichen Lohne-Insel wurde Anfang des 16. Jh. von Münzmeister *Lambert Vlemynck* gekauft. Das genaue Alter des Gebäudes ist heute nicht mehr zu ermitteln. Vlemynck betrieb auch Falschmünzerei, zunächst während seiner Osnabrücker und münsterischen Tätigkeit, später für die Edelleute von Diepholz. Obwohl Verstöße gegen die Münzordnung damals allgemein üblich waren, überforderte er die Nachsicht des Münsterschen Bischofs und fiel in Ungnade. Vlemynck wurde auf dem Marktplatz zu → Osnabrück auf grausame Weise hingerichtet, indem man den mißliebigen Münzmeister in siedendem Wasser zu Tode kochte. Die Edelherren von Diepholz erwarben daraufhin die Alte Münte zurück. Nach der Zerstörung im Dreißigjährigen Krieg mußte das Haus neu errichtet werden. Die allmähliche Verschlechterung des baulichen Zu-

Hinrichtung durch das Rad und Sieden in Öl

Alte Münte

standes bewog Anfang der 70er Jahre dieses Jh. den Rat der Stadt zum Abbruch. Im Denkmalschutzjahr 1974 jedoch gelang es einer Bürgerinitiative, das historische Gebäude zu retten. Seit der aufwendigen Restaurierung befindet sich darin ein gastronomischer Betrieb.

DÖRENTHE (Tecklenburg, Lkr. Steinfurt)

Hockendes Weib

An der B 29 zwischen Ibbenbüren und Dörenthe befinden sich im Teutoburger Wald die Dörenther Klippen. Der Weg zum sog. ‚Hockenden Weib' ist ausgeschildert. Es können auch Wanderwege dorthin begangen werden.

Beim Entstehen des Teutoburger Waldes wurden, lange vor der Eiszeit, gewaltige Sandsteinfelsen heraufgepreßt. Durch Kieselsäure wurden diese Sandsteinbänke locker zusammengefügt. Die großen Wassermassen, die ehemals die Felsen umgaben, haben den Sand herausgewaschen, so daß sich bizarre Felsformen bildeten, die die Phantasie anregen. Das Entstehen des ‚Hockenden Weibes' hat in der Volksüberlieferung seine eigene Erklärung gefunden:

Bei einer Überschwemmung flüchtete eine Mutter mit ihren Kindern die Berge hinauf, aber das Wasser stieg mit ihnen. Als die Frau Gott anflehte, doch ihre Kinder zu schützen, erstarrte sie zu Stein und trug die geretteten Kleinen auf dem Nacken. Dieser Sage liegen als Tatsache sicher Hochwasserkatastrophen

zugrunde, die der Fluß Aa in der Gegend um Ibbenbüren verursacht hat.
Von *Joseph Seiler* stammt das Gedicht ‚Die Dörenther Klippen und das Hockende Weib‘:

Das Wasser! Das Wasser! Es kommt, es kommt! –
O Mutter, fliehe, solang es noch frommt!

Schon leckt’s an der Schwelle, schon bricht es die Wand,
die Spindel entsinket der bebenden Hand.

Sie raffet empor die Kinderlein;
Auf Leben und Tod in die Brandung hinein!

Es wogen die Wasser, es heult der Wind!
Ach Mutter, Mutter! Geh doch geschwind!

Hinauf am Gebirge! – Herr, schütze sie!
Die Wasser spülen ihr um das Knie!

Die Wasser drängen mit Macht, mit Macht: –
Herr, sei ihr gnädig in dieser Nacht!

„Hinauf! Hinauf!“ – Sie schwankt – sie fällt –:
„Behüte die Kinder, o Herr der Welt!“

Erhöret wurde das hockende Weib:
Zum öden Felsen erstarrt ihr Leib.

Da waren auf dem Nacken von Stein
in Gnaden behütet die Kinderlein.

DORNUM (Lkr. Aurich)

Oster- und Norderburg

Dornum war ehemals Sitz einer *‚Herrlichkeit‘*. Von den drei im 14. Jh. errichteten Burgen wurden nach der Zerstörung in der Sächsischen Fehde 1514 nur zwei wieder aufgebaut. Auf der Oster- und der Norderburg wohnten zunächst Häuptlinge aus dem Geschlecht der Attena, später der Kankena. Im Jahre 1395 wurden auf dem Hof der Norderburg nach einer nicht sicheren Überlieferung die Häuptlinge Hero und Lütet Attena hingerichtet. Die Foelke Kampana, Witwe Ocko tom Broks, soll dies veranlaßt haben. Die Osterburg kam später in den Besitz der Familie Beninga und ist heute noch unter diesem Namen bekannt.
Die Herrlichkeit Dornum und damit die Norderburg gehörte seit 1530 der Familie von Closter, die es als repräsentatives Wasserschloß in barocken Formen ausbaute. Aus der Volkserzählung erfahren wir

Oster- oder Beninga-Burg in Dornum

phantasievolle Einzelheiten über die Häuptlingsfamilien:
Die Gemahlin Lütet Attenas – Okka – war Foelkes Tochter und soll ihrer Mutter an Bösartigkeit kaum nachgestanden haben. Als sich Lütet einst bei Foelke beschwerte, daß seine Frau es mit den Seeräubern halte und sehr aufsässig sei, riet diese ihm die Ungetreue zu töten. Lütet ließ sich zu der Tat hinreißen und flüchtete dann von seiner schwachen Burg Nesse zu seinem Vater Hero Attena nach Dornum. Foelke, die im Volksmund ‚die Quade' heißt, nahm die Norderburg mit ihren Kriegern ein, um den Tod ihrer Tochter zu rächen. Hero mußte auf einem braunen Laken niederknien, Lütet auf einem grünen, dann wurden beide enthauptet. Seitdem soll die Quade Foelke in der Norderburg umhergeistern.
Heute befindet sich in dem restaurierten Wasserschloß Norderburg eine Realschule. Der Rittersaal wird als Aula genutzt. Die Oster- oder Beningaburg, ebenfalls restauriert, beherbergt ein Antiquitätengeschäft, eine Teestube und die Glaubensgemeinschaft der Methodisten. Letztere nennen ihr Haus auch Zionsburg.
→ Aurich

DORUM (Lkr. Cuxhaven)

St.-Urban-Kirche
Dorum ist der Hauptort des Landes Wursten, wo sich seit 1688 der Sitz der Obervogtei befand. Ab 1793 wurde hier das Vogteigericht des gesamten Landes

Wursten eingerichtet. Einem großen Brand fiel 1757 die alte enge Bebauung der Wurt zum Opfer. Aufgrund ihrer Lage wurde die St.-Urban-Kirche kaum beschädigt.
Vermutlich ist die aus Feldsteinmauerwerk um 1200 errichtete Kirche nicht das erste Gotteshaus in Dorum. Die Lage am Rande der Dorfwurt und eine Urkundennotiz aus dem Jahre 1383 lassen den Schluß zu, daß schon vorher eine Holzkirche an der höchsten Stelle der Wurt gestanden hat. Von dem ursprünglichen Gebäude ist nur noch das Schiff erhalten. Der relative Wohlstand der Bevölkerung führte seit dem späten Mittelalter zu einer Reihe von Stiftungen. Deshalb wurde 1510 der romanische Chor abgerissen und der gotische in der jetzigen außergewöhnlichen Größe neu erbaut. 1750 wurde der Kirchturm von Grund auf neu errichtet.
In Dorum hat sich bis heute im Volksmund das Gerücht gehalten, daß das kunstvolle Sakramentshaus im Kircheninneren vor Jahrhunderten als Strandgut hier angeschwemmt worden sei. Allerdings trägt es an der Nordseite eine Tafel mit den Stifternamen aus Dorumer Familien.

DÜMMER (Amt Lemförde, Lkr. Diepholz)

Dümmersee
Der Weg ist von der B 51 aus gut beschildert.
Der Dümmersee liegt ca. 7–8 km südlich von → Diepholz bei Lembruch. Bei dem 22 km großen See handelt es sich um eine Mulde, die während der Saale-Eiszeit vor 200 000 Jahren von einem mächtigen Gletscher ausgeschürft wurde. Das vorweggeschobene Geröll, Sand und Steine, lagerte sich als → Dammer Berge ab. Die Senke füllte sich am Ende der Eiszeit mit Schmelzwasser. Der von der Hunte durchflossene See steht mit seinen Uferzonen unter Naturschutz und hat sich zu einem beliebten Ausflugsziel entwikkelt.
Der Sage nach befand sich an der Stelle des Dümmers früher ein großer sumpfiger Wald. Als Karl d. Gr. auszog, um die heidnischen Sachsen endgültig zu bezwingen, suchten diese im Gehölz Zuflucht. Damit kein Sachse entkomme, ließ Kaiser Karl in der Johannisnacht den ganzen Wald umstellen und bis auf den Grund niederbrennen. Gleich darauf sammelte sich dort ein großes dunkles Wasser. Seitdem entsteht alle Jahre an St. Johannis ein gewaltiger Strudel im Dümmer, aus dem eine hohe Flamme zum Himmel lodert.

Das Rathaus mit der Delftbrücke in Emden um 1850, Stich von Joh. Poppel

Wer mit seinem Boot in diesen Strudel gerät, ist rettungslos verloren.

Emden

E

Stadtwappen ‚Engelke up de muer'

Emden ist die älteste, größte und bedeutendste Stadt Ostfrieslands. Sie wurde um 800 als Wiksiedlung, eine Hanseniederlassung, gegründet. Im 11. Jh. befand sich hier eine Münzstätte, deren Geldstücke später im ganzen Ostseegebiet und in Rußland nachweisbar sind. Diese Tatsache gibt Aufschluß über den ausgedehnten Handel Emdens. Bis ins 15. Jh. regierten hier Friesenhäuptlinge, von denen einige mit den Vitalienbrüdern Störtebekers sympathisierten (→ Marienhafe). Im 15. Jh. jedoch stand die Ortschaft zeitweise völlig unter der Herrschaft Hamburgs. Im Jahre 1495 wurde der Stadt das als ‚Engelke up de muer' bekannte Wappen verliehen. Es ist heute noch an der Kaimauer zu sehen. Eine bekrönte Harpyie, die die gräfliche Herrschaft symbolisieren soll, thront auf den Zinnen der Stadtmauer über dem Wasser und breitet schützend ihre Flügel aus.

„Engelke up de muer" an der Kaimauer

Große Kirche mit ‚Scheepken Christi'

Die ev.-ref. Kirche hieß ehemals St. Cosmas und Damian und ist seit der Zerstörung durch Bomben im Jahre 1944 nur als Ruine erhalten. Eine erste Holzkirche aus dem 9. Jh. wurde im 12. Jh. durch einen einschiffigen Backsteinbau ersetzt und von da ab ständig erweitert.

Über dem Portal der Großen Kirche ist das ‚Scheepken Christi' angebracht, ein in Sandstein gehauenes Segelschiff, dessen Besatzung gegen die Meereswogen kämpft. Es wurde 1660 von Nachfahren niederländischer Glaubensflüchtlinge gestiftet. Denn in der 2. Hälfte des 16. Jh. strömten viele Niederländer, die von den Spaniern wegen ihres Glaubens vertrieben worden waren, nach Emden und wurden dort aufgenommen.

Die ‚Große' (reformierte) Kirche in Emden an der alten Emsmauer, Stich von E. Höfer

Klunderburgstraße

Die im Zweiten Weltkrieg zerstörte *Klunderburg* stand zwischen der heutigen Straße gleichen Namens und der Deichstraße. Das Gebäude scheint bereits im 15. Jh. in einfacher Ausführung vorhanden gewesen zu sein und schon früh diese Bezeichnung geführt zu haben. Zunächst in Besitz einer Häuptlingsfamilie, wurde es später von Tido von Knypens erworben, ausgebaut und gewerblich genutzt. 1866 wurde das Haus von der Stadt Emden aufgekauft und diente als Kaserne.

Da für den Namen der Burg keine historische Erklärung vorliegt, hat die Phantasie ausgeholfen. Das ostfriesische Wort ‚klundern' besagt so viel wie ‚lautes

Getöse machen‘. So sollen zwei Fräulein von Knyphausen das Anwesen erbaut haben. Die Emder glaubten, daß die beiden Jungfern wohl schwerlich Mittel genug hätten, um das kostspielige Werk zu vollenden. Man fragte sie, ob ihr Geld noch ausreichen werde, worauf sie eine große Kiste schüttelten und sprachen: „Et klundert noch! T'sall woll langen!“ Tatsächlich wurde das Haus fertig gebaut und erhielt den erwähnten Namen.

EMSBÜREN (Lkr. Emsland)

Hünenburg

Emsbüren liegt nördlich der A 30 – Abfahrt Schüttorf. Auf der rechten Seite der Straße nach Nordhorn befindet sich in der Siedlung Berge die Hünenburg. Es handelt sich dabei um eine sog. Heinrichsburg. Im Gegensatz zu den vormaligen rechteckigen Befestigungsanlagen der Franken weist diese eine unregelmäßig runde Form auf. Auch ihre geringe Größe kennzeichnet sie als einen Typ, der auf das Burgengesetz König Heinrichs I. von 926 zurückzuführen ist.

Dem Volksglauben nach haben hier einst Riesen gehaust, die sich im Winter in ihrer Burg eingruben und im Sommer Streifzüge durch das Umland unternahmen.

Einst wollte ein Bauer aus Drievorden die Riesen necken und legte ihnen zur Speise ein totes Schaf hin. Das forderte die Riesen so heraus, daß sie den Mann in ihrer Wut verfolgten. Dieser konnte sich nur retten, weil er beritten war. Mit knapper Not setzte er über die Untertür auf die Diele des Hauses, wo er in Sicherheit war.

EMSTEK (Lkr. Cloppenburg)

Desumhügel

Der sog. Desumhügel ist über die Landstraße von → Cloppenburg nach Emstek zu erreichen. Hinter dem Ortsausgang von Emstek weist die Beschilderung linker Hand den Weg zu dem Denkmal. Auf einer ehemals eichenbewachsenen Anhöhe befand sich seit altsächsischer Zeit ein sog. Gogericht. Im Mittelalter stellte dieses Volksgericht das wichtigste auf oldenburgischem Gebiet dar. Im Jahre 1571 verlor es durch die münstersche Hof- und Landgerichtsordnung seine Bedeutung und wurde weiterhin hauptsächlich als Versammlungsplatz genutzt. Der unter freiem Himmel stehende hölzerne Gerichtsstuhl ist noch 1728 erneuert worden.

Der Oldenburger Altertumsverein setzte 1905 einen Gedenkstein; auf einer mit Eichenranken umrahmten Tafel steht zu lesen:

> Hier auf dem Desum hegte das Gericht
> Des Lerigaus seit altersgrauen Zeiten
> Der Gograf. Freie Männer sprachen schlicht
> Mit altgewohnten deutschen Förmlichkeiten
> Im Walde Recht vor Gottes Angesicht.

Darunter ist das älteste deutsche Rechtsbuch, der *Sachsenspiegel* (I., 1) zitiert:

> Des hilighen Geystes minne, de sterke mine
> sinne, dat ik recht und unrecht der Sassen
> beseede na Godes hulden unde na der
> worlde vromen.
> (Des Heiligen Geistes Kraft stärke meinen Verstand, auf daß ich Recht und Unrecht der Sachsen zur Freude Gottes und zum Nutzen der Welt unterscheide.)

Eine alte Überlieferung läßt den ‚ropen Keerl' jeden Abend von Goldenstedt aus zum Desumgericht spuken. Der ‚rufende Kerl' büßt für einen Meineid, den er zu Lebzeiten vor dem Gogericht geleistet hat. Bei einem Grenzstreit war er als Zeuge geladen und von seinem Herrn durch eine Speckseite zur Falschaussage verführt worden. Wegen seiner großen Armut – er war Schäfer und hatte eine neunköpfige Familie zu versorgen – hatte er sich bestechen lassen. Heute noch soll sein klagender Ruf „O Gott, o Gott" in der Heide zu hören sein. In der Dunkelheit hetzten einst zwei Knechte ihre Hunde auf ihn – am nächsten Morgen fand man die Tiere zerrissen auf.

FELDHAKE (Dötlingen, Lkr. Oldenburg)

Hasen-Ahlers-Denkmal

In der Wildeshauser Geest – westlich der B 213 – liegt an der Straße von Brettorf (oder von Klattenhof) nach Nuttel das Dorf Feldhake. Dort befindet sich beim Gasthaus „Zum Hasen-Ahlers" das Hasen-Ahlers-Denkmal. Es wurde zum Andenken an einen ‚Naturburschen' benannt, eine schon sagenumwobene Gestalt aus der östlich gelegenen Stühegegend (→ Immer).

Ahlers hat zu Anfang dieses Jahrhunderts einsam und als Sonderling in Klattenhof gelebt. Bekannt wurde er durch Wilddiebereien, die ihm im Volksmund seinen Spottnamen eintrugen. Die Denkmalsinschrift lautet:

> ‚Kennt ihr den Hasen-Ahlers, die Goliathsgestalt?
> Er ist zwar nicht von Adel, doch hat er viel Gewalt.
> Und sollt einmal er sterben, ihr Leute, merkt euch fein,
> dann setzt ihm einen Hasen aufs Grab als Leichenstein.‘

Fikensolt (Westerstede, Lkr. Ammerland)

Schloß Fikensolt

Von den zahlreichen Rittersitzen des Ammerlandes ist nur noch das bei → Westerstede gelegene Rokokoschlößchen Fikensolt erhalten geblieben. Es befindet sich heute in Privatbesitz; die Innenräume können nicht besichtigt werden. Von Westerstede aus gelangt man über die Straße Westerstede – Ocholt zu dem Anwesen. Kurz hinter dem Dorf Fikensolt biegt man links in eine Straße ein, die auch als Teil eines Rundwanderweges genutzt wird.

Die Knappen von Fikensolt kamen einst zu Rang und Namen, da sie in den Diensten der Oldenburger Grafen standen. Sie verfügten nicht nur über große Einkünfte, zahlreiche Leibeigene und stattlichen Grundbesitz, sondern besonders über Einfluß beim Landesherrn. Im Jahre 1274 ist Fikensolt erstmals nachweisbar. Die männliche Familienlinie und damit der Name starb 1613 aus.

Hedde von Waddewarden erbte den Besitz. Sein Sohn Johann starb 1669 am Morgen des Hochzeitstages im Alter von 53 Jahren. An dieses Ereignis knüpft sich eine Sage, deren Hintergründe nie ganz geklärt wurden:

Johanns Braut heiratete später Anton I., Sohn des Oldenburger Grafen Anton Günther. Dieser verstarb im ersten Ehejahr. Die unglückliche Braut war das Erbfräulein J. Maria Schulze vom Gut Holzenklinken bei Stade. Das kostbare Gemälde der angeblichen ‚Braut von Fikensolt‘ stellt jedoch in Wirklichkeit Prinzessin Charlotte Amélie de la Trémoille (1652 bis 1732) dar. Es hängt noch heute im Schloß.

Die Sage berichtet folgendes: Der Junker von Fikensolt schickte am Hochzeitsmorgen seiner Braut eine Kutsche. Die junge Frau fuhr damit ihrer neuen Heimat entgegen, geriet aber unterwegs in einen Regen-

Die Braut von Fikensolt (etwa 28jährig), Gemälde eines unbekannten Meisters, um 1679

schauer. Da ein nasser Brautkranz Unglück bedeutet und ihr auch niemand entgegengeritten kam, war die Braut zutiefst beunruhigt. Im Schloß angelangt, empfing sie nur ein Diener, der ‚Mohr'. Auf einem schwarzen Samtkissen überreichte er ihr ein Perlengeschmeide – Symbol für Tränen. Das Fräulein stürzte in die Schloßgemächer, wo sie die Angehörigen um den toten Bräutigam versammelt antraf. Angeblich hatte die Haushälterin ihn vergiftet, da sie ihn selber gern geheiratet hätte. Noch heute sagt ein ammersches Sprichwort: „He kummt to lat as de Brut van Fikensholt." → Mansie

FISCHHAUSEN (Wangerland, Lkr. Friesland)

Schloß

Ganz in der Nähe von Hooksiel liegt an einem Naturschutzgebiet im Kirchspiel *Wüppels* das kleine Schloß Fischhausen. Es gelangte innerhalb des Jeverlandes zu geschichtlicher Bedeutung. Nach dem Tode Edo Wiemkens d. J. im Jahre 1511 wurde der

Häuptling Ricklef von Vischhusen, dem die Wasserburg Fischhausen gehörte, in die Regentschaft berufen. Im Jahre 1578 entstand unter Häuptling Boing von Waddewarden aus dem alten Steinhaus das zweistöckige Renaissance-Schloß mit Zwiebelturm. Heute befindet sich das sorgfältig restaurierte Anwesen in Privatbesitz und beherbergt einen gastronomischen Betrieb.
Über die Vergangenheit des Hauses sind merkwürdige Begebenheiten überliefert: Einst zierte das Portrait eines Fräulein von Schwarzenburg ein Zimmer der Burg und wurde noch lange nach ihrem Tode gezeigt. Als man es aber entfernte, kam Unglück über das Herrenhaus. Andere erzählen, das unheilvolle Bild soll über der Wohnzimmertür gehangen und ein im Sarg liegendes Kind dargestellt haben.
Unter dem Gut befindet sich ein Keller, aus dem einst ein Knecht nicht zurückgekehrt ist. Auch eine Magd soll darin verschwunden sein.

FRIESOYTHE (Lkr. Cloppenburg)

Pestschinken
Anfang des 13. Jhs. erbaute Graf Otto I. von Tecklenburg die Burg zu Oythe. In ihr residierten später Otto II. und III. Letzterer umgab den Ort mit Wall und Graben, so daß eine kleine Festung entstand, die als uneinnehmbar galt. In ihrem Schutz gingen Bauern, Kaufleute, Handwerker und Burgmänner ihren Aufgaben

Burg Fischhausen

nach. Stolz waren die Friesoyther schon zu historischen Zeiten auf ihre demokratische Stadtverfassung. Jeder Bürger war verpflichtet, die Ortschaft auf den Wällen zu verteidigen. Daraus entwickelte sich die traditionelle Schützengilde.
Ein Münzfund bestätigt die günstige Lage der Siedlung, die sich bereits im 13. Jh. auszahlte. An der alten Heerstraße von Osnabrück nach Ostfriesland gelegen, konnte Friesoythe die Vorteile dieses Handelsweges nutzen. (→ Cloppenburg)
Im Jahre 1308 wird die Stadt als oppidum Oytha erwähnt. Infolge der tecklenburgischen Marktpolitik entwickelte sie sich rasch und wurde im 15. Jh. Mitglied der Hanse.
Um 1350 wütete die Pest in Friesoythe. Aus dieser Zeit soll der trockene und harte Schinken stammen, der heute in der Marienschule, Brakestraße 3, aufbewahrt wird. Dort kann er nach telefonischer Vereinbarung besichtigt werden (0 44 91 / 40 62).
An diesen Schinken knüpft eine sonderbare Geschichte: In der Zeit des Dreißigjährigen Krieges kam die Pest in Gestalt einer blauen Wolke in die Stadt. Sie schwebte von einer Straße in die andere und versetzte die Menschen in Angst und Schrekken. Ein Mann, dessen Name als ‚Wreesmann' überliefert wird, verstand sich auf die schwarze Kunst. Er besprach die Pestwolke, worauf sie in einen Schinken hineinfuhr, den er ihr entgegenhielt. Dieser ist zwar ungenießbar geworden, doch die Pest hat angeblich für ewige Zeiten genug zu fressen darin. Der Sage nach konnte der Schinken nicht aus dem Hause Wreesmann entfernt werden. Nach jedem Versuch, ihn als Sehenswürdigkeit wegzugeben, kehrte er des Nachts selbst zurück.

G

GANDERKESEE (Lkr. Oldenburg)

Ev. Kirche

Im Jahre 860 wird der Ort als „Gandrikesarde" urkundlich zum ersten Mal erwähnt. Mit der Gründung der Gaukirche durch Erzbischof Adalbert von Bremen erhielt Ganderkesee im Jahre 1052 auch das Marktrecht. In den folgenden Jahren wurde die Kirche mehrfach renoviert und vor allem im 14. Jh. zur Hallenkirche erweitert.
Über den Anlaß der Kirchengründung erzählt das Volk eine Sage, die von einer Gräfin aus → Delmenhorst handelt: Nach dem Tode der alten Dame gab es unter ihren Kindern Streit wegen des Erbes. Alle

neun Schwestern und auch der junge Graf wollten einen kostbaren Diamanten für sich haben. Da man sich nicht einigen konnte und die Seele der Verstorbenen keine Ruhe fand, wurde ein frommer Pilger befragt. Dieser riet, den Edelstein in eine Kirche einzumauern. Um den Ort zu ermitteln, an dem das Gotteshaus ausgeführt werden solle, müsse man einen Gänserich vom Schloß fliegen lassen. Der Edelmann hielt sich an die Empfehlung und erstellte die Kirche in Ganderkesee, wo sich das Tier niedergelassen hatte. Von diesem Zeitpunkt ab konnte die verstorbene Gräfin ruhig im Grabe liegen. Heute noch soll die Kirche den Diamanten in einer ihrer Mauern bergen.
Über die Kirchengründung existieren noch weitere Überlieferungen. Einst wollte man für die sieben Gemeinden Bergedorf, Bürstel, Grüppenbühren, Habbrügge, Kirchkimmen, Schlutter und Stenum eine gemeinsame große Kirche errichten, konnte sich aber nicht über den Mittelpunkt des Kirchspiels einigen. So ließ man einen Ganter fliegen, und wo dieser sich niederlassen würde, wollte man das Gotteshaus bauen. Da er die Stelle wählte (erkieste), erhielt der Ort den Namen ‚Ganter kesede', aus dem später ‚Ganderkesee' wurde.
Während des Kirchenbaus half der Teufel in der Annahme, ein Wirtshaus würde hier entstehen. Auch war man sich darüber im klaren, daß das rasche Hineinsetzen der Kanzel den Satan von einer Zerstörung des Gebäudes in letzter Minute abhalten könne. So ließ man ihn lange mitarbeiten, mauerte jedoch schnell die Kanzel hinein, bevor das Dach gedeckt wurde. Der geprellte Teufel stemmte sich wütend gegen die Kirchenmauer, hatte jedoch keine Macht mehr. Lediglich sein Pferdefuß und sein Schwanz haben sich in zwei Steinen der Süderseite abgedrückt.

GOLDENSTEDT (Lkr. Vechta)

Goldene Brücke

Über den Ursprung des Ortsnamens Goldenstedt und das Entstehen der sogenannten ‚Goldenen Brücke' berichtet die Sage: Einst lebte in Diepholz ein Graf namens Rudolf. In jungen Jahren zog er gen Norden, um Abenteuer zu bestehen. Am Hof des Königs Waldemar von Schweden nahm er eine Stelle als Küchenjunge an, gab sich jedoch nicht zu erkennen. Da er mit jedermann gut umzugehen wußte, stieg er bald zum Kämmerer des Königs auf. Einmal verirrte er sich bei der Jagd im Walde und begegnete einer schönen Jung-

frau, die ihm einen goldenen Ring mit einem Karfunkelstein schenkte. Durch Zufall entdeckte der König später den kostbaren Ring, der einen wunderbaren Schein ausstrahlte. Waldemar klärte ihn über die Herkunft des Schmuckstückes auf und verschwieg auch seine Abstammung nicht länger. Darauf erhielt er die fremde Schöne zur Gemahlin, die – wie sich herausstellte – eine Nichte des Königs war.
Auf der Heimreise nach Diepholz empfingen ihn seine Untertanen an der Grenze der Grafschaft. Beim Übergang über die Hunte warf die Gräfin eine Menge Goldgulden unter das jubelnde Volk. Seit jener Zeit heißt die Brücke, die die Landstraße von Twistringen nach Goldenstedt über die Hunte führt, ‚Goldene Brücke', und der Ort nennt sich Goldenstedt.
Nach einer anderen Sagenfassung erhielt Rudolf die Königstochter als Belohnung zur Frau, da er die lang Vermißte im Walde wiedergefunden hatte.
Eine weitere Variante läßt die junge Gräfin auf der Heimreise verunglücken. Das Paar überquert an der damaligen Grafschaftsgrenze die Hunte, wo noch keine Brücke existierte. Die Edelfrau stürzte ins Wasser und wurde von einem Diepholzer gerettet. Dieser erhielt eine reiche Belohnung. Außerdem verteilte Graf Rudolf zahlreiche Goldmünzen unter das Volk. Auf seinen Befehl hin wurde eine Brücke gebaut, deren Name von dieser Begebenheit herrühren soll.

GROSS BERSSEN (Lkr. Emsland)

Königsgrab

An der Straße von Hüven nach Gr. Berßen befinden sich etwa 1 km nach dem Ortsausgang von Hüven zwei Großsteingräber. Sie liegen rechts der Landstraße im Gelände. Eines der beiden nennt sich ‚Königsgrab'. Auch links der Straße sind in der Nähe sowie weiter in Richtung Groß Berßen insgesamt vier Megalithgräber in unterschiedlichem Erhaltungszustand zu sehen. Von besonderem Interesse ist das Königsgrab, denn es wurde durch archäologische Rekonstruktion in seinen ursprünglichen Zustand versetzt. Die in Nordwestdeutschland zahlreich vorhandenen Großsteingräber stammen aus dem Neolithikum, der Jungsteinzeit, die etwa im 5. Jahrtausend v. Chr. beginnt und ca. Mitte des 3. Jahrtausends v. Chr. endet. Die beeindruckenden Grabbauten dienten als Bestattungsplatz ganzer Sippen und Generationen. Leider sind sie im allgemeinen in einem schlechten Zustand, da sie viele Jahrhunderte hindurch für den Häuser-, Kir-

Bau der Großsteingräber durch Riesen

chen und Straßenbau verwendet wurden. Im günstigsten Erhaltungszustand werden die Grabkammern, meistens rechteckig im Grundriß, von mehreren Tragsteinpaaren und den Abschlußsteinen gebildet. Gemeinsam tragen sie die mächtigen Deckplatten. Die verbleibenden Lücken zwischen den Trägern und Decksteinen wurden sorgfältig mit Trockenmauerwerk ausgefüllt. Das Baumaterial, unbearbeitete Findlingssteine, wurde während der letzten Eiszeit von den Eismassen hierher transportiert. Durch das Aneinanderschleifen und das Rutschen über Geröll haben sich ebenmäßige, abgerundete Formen herausgebildet.
In einiger Entfernung von den Kammern haben die Steinzeitmenschen eine Art Steinkranz errichtet, von dem das Grab eingefaßt wird. Innerhalb der Einfassung befand sich auch der Hügel, den man über der Anlage aufschüttete. In das Grabinnere gelangte man durch einen besonderen Gang, der bei der vorliegenden Rekonstruktion gut sichtbar und begehbar ist. Sowohl die Aufwendigkeit der Kammern als auch die Beigabensitte weisen auf eine mögliche Hausfunktion der Anlagen. Wahrscheinlich glaubte man an ein Fortleben nach dem Tode.
Zur Frage der Bautechnik gibt es verschiedene Thesen. Als Hilfsmittel fanden sicher Walzen, Hebel, Keile und starke Zugseile aus Tierhäuten Verwendung. Wahrscheinlich wurden zunächst die Tragsteinpaare aufgestellt und mit einer künstlichen, festgestampften Erdrampe gestützt. Dann rollte man die Decksteine auf untergelegten Baumstämmen die Rampe hinauf. Das Abrutschen verhinderten Keile, gezogen wurde mittels Tauen, und weitere Helfer nutzten die Hebelwirkung. Die archäologische Forschung geht

Steinzeitliches Hünengrab, Holzstich von Hans Pape, 1950

davon aus, daß Fachleute mit ihren Bautrupps diese Arbeit verrichteten. Bisweilen wird die Ansicht vertreten, daß im Winter die günstige Wirkung einer künstlich angelegten Eisfläche genutzt wurde. So konnten Arbeiter vielleicht die Steine auf Kufen fortbewegen. Diese Meisterleistungen einstiger Architektur haben seit jeher die Phantasie der Menschen angeregt.

Unzählige Großsteingräber, die sich auch in Südskandinavien, auf den Britischen Inseln, in Westeuropa und im Mittelmeerraum finden, sind mit einer besonderen Glaubens- und Erzähltradition verknüpft. Oft spiegelt die Überlieferung noch heute wider, daß es sich um Ahnengräber handelte, die einst eine bedeutende Rolle im Leben der Menschen gespielt haben. Bis ins Mittelalter hinein suchte man diese Stätten auf, um Thing, d. h. Gericht zu halten, oder um Ehen zu schließen. Die Verehrung der heidnischen Ahnen- und Kultstätten stand der christlichen Missionsarbeit im Wege, so daß sich sogar Konzilien mit diesen Anlagen beschäftigten. Es wurde bei Strafe verboten, die-

se Orte aufzusuchen und dem heidnischen Kult nachzugehen. So weisen die betreffenden Volkssagen heute eine Mischung aus heidnischer und christlicher Überlieferung auf.
Die Ahnengräber galten in vorchristlicher Zeit als heils- und fruchtbarkeitsbringend, so daß z. B. noch im 20. Jh. Frauen, die sich ein Kind wünschten, von ihnen herabrutschten (→ Bissel). Auch sollen Ehepaare ihre Kinder unter den Hünensteinen hervorholen.
Die Steinsetzung symbolisierte einst die Anwesenheit der Vorfahren und wirkte deshalb positiv auf Entscheidungen, die hier getroffen wurden. Die ursprünglichen Brautsteine wurden später negativ umgedeutet als angebliche Versteinerungen einer Hochzeitsgesellschaft (→ Visbek/Braut und Bräutigam). Die kleinen hilfreichen Wesen, die der Sage nach unter dem Stein wohnen, werden in der christlichen Tradition verteufelt: Entweder soll es sich dabei um böse Wesen oder um den Teufel persönlich handeln (→ Bischofsbrück). Bei archäologischen Grabungen wurden Beigaben entdeckt, die man einst den Toten mitgegeben hatte. Die Angehörigen sollten auf ihrem Weg ins Jenseits mit Nahrung, Waffen und Schmuck ausgestattet sein. Diese Funde, obwohl von geringem materiellen Wert, bilden die Grundlage für einen Schatzglauben. So handeln einige Sagen vom Teufel, der unter den Steinen einen Schatz hütet. Aufgrund der mächtigen aufeinandergetürmten Findlingsblöcke konnte sich das Volk häufig nur Riesen als Erbauer vorstellen oder vermutete einen König unter den Steinen bestattet. So sind die zahlreichen vorgeschichtlichen Gräber auch unter dem Namen Hünengräber bekannt. Wenn auch keine ausführlichen Sagen existieren, so heißt es von den meisten Findlingssteinen oder Megalithgräbern, die Riesen hätten Ball damit gespielt oder sie als Steinchen aus ihrem Schuh geholt, sie hätten darunter gewohnt oder die Anlage als Backtrog oder -ofen benutzt, sie seien darunter bestattet worden und vieles andere mehr.
Diese prähistorischen Monumente, die die Phantasie des Volkes so sehr beflügelt haben, befinden sich besonders zahlreich in Nordwestdeutschland. Gerade im Emsland sind sie häufig anzutreffen und gut beschildert oder bei der örtlichen Bevölkerung bekannt. Auch beschäftigt sich spezielle Literatur mit den vorgeschichtlichen Zeugnissen dieser Gegend. Es seien deshalb nur einige Ortschaften genannt: Börger, Werpeloh, Spahnharrenstätte, Sögel, Ostenwal-

de, Werlte, Lindern, Garen, Groß Stavern, Bruneforth, Hüven, Lähden, Meppen, Apeldorn, Thuine und Mehringen.
→ Ankum, → Bippen, → Bischofsbrück, → Osnabrück, → Visbek

Haren (Lkr. Emsland)

Schloß Dankern
Im Stadtgebiet von Haren, ca. 1 km westlich des Zentrums, liegt das barocke Wasserschloß Dankern. Der Weg nach Dankern ist gut ausgeschildert, zumal es sich um ein Feriendorf für Familien handelt.
Die mittelalterliche Burg war von 1632–1729 Sitz der Rentmeister des münsterschen Bischofs. Zur gegenwärtigen Anlage wurde sie von 1680–1689 erweitert. Auch Ende des 19. Jh. erfolgten nochmals bauliche Ergänzungen sowie die Erhöhung um ein Stockwerk. Die Kernburg ist heute noch von einer Graft (Wassergraben) umgeben und wird von einer Vorburg mit Wirtschaftsgebäuden sowie einer Kapelle flankiert. Reizvoll sind die für die Barockzeit typischen figürlichen und ornamentalen Sandsteinarbeiten. Auch im Schloßpark sind überlebensgroße hervorragend erhaltene Figuren zu sehen.
Die Säle des Schlosses beherbergen eine Gemäldesammlung. Der Volksmund spricht von einer verstorbenen Ahnfrau, die hier umherspukt.

Harpstedt (Lkr. Oldenburg)

Durch verschiedene Bodenfunde ist eine Besiedlung bereits für die vorgeschichtliche Epoche nachgewiesen. Bekannt wurde der *‚Harpstedter Sonnenstein‘* – vermutlich eine bronzezeitliche Kultscheibe –, der heute vor dem Amtshof zwischen Findlingssteinen steht. Für das frühe Mittelalter spricht die Überlieferung von einer Stammpfarrei und einem Gericht. Im 13. Jh. hat wohl eine Burg der Grafen von Neubruchhausen hier bestanden. Danach durchlebte Harpstedt eine wechselvolle Geschichte. Der Besitz ging 1384 an Hoya, 1439 an Oldenburg und 1482 durch Eroberung an den Bischof von Münster. Spätere Eigentümer waren Oldenburg, Braunschweig-Lüneburg, Hoya, später Oldenburg und ab 1667 wieder Braunschweig-Lüneburg. Nach dem Brand von 1739 wurde das Dorf nach neuen Plänen aufgebaut. Das Schloß diente ab 1859 als Amtshof, später als Schule.

Wenstedt

Östlich der Landstraße von Harpstedt nach Ippener befand sich einst die bedeutende Ansiedlung Wenstedt. Noch im 15. Jh. wird sie urkundlich erwähnt. Die Ursache ihres Verschwindens ist bis heute rätselhaft geblieben, was Anlaß zur Sagenbildung gab: Das ehemals blühende Dorf war früher in Besitz des Geschlechts de Wenstede. Der Reichtum hatte aber zu Übermut und Ausschweifungen geführt. Der unmäßige Lebenswandel und Fehden sollen die Familienmitglieder allmählich ins Grab gebracht haben. Die beiden letzten Brüder gerieten wegen der Werbung um dasselbe Fräulein in Streit, einer erdolchte den anderen. Dann floh er mit Geld und Gold in die Fremde. Das Gut verfiel, und das Dorf wurde von Mißernten, Viehsterben und Krankheiten heimgesucht. Wer konnte, siedelte sich woanders an.

Heute – so weiß der Volksmund – meiden die Harpstedter die Einöde. Besonders des Nachts wagt sich niemand durch die verlassene Gegend, die angeblich von Spukerscheinungen heimgesucht wird. Eine Chronik berichtet von mehreren Leuten, die Anfang des 18. Jh. in Wenstedt mysteriöse Erlebnisse hatten. Der Organist Hermann Hespe sah eine Kutsche mit Vorreiter, Reisenden und Dienern. Alle, auch die sechs vorgespannten Pferde und der Kutscher, waren kohlschwarz und blickten den Wanderer aus starren Augen an. Einst war der Bürgermeister Dietrich Bitter mit einem betagten frommen Mann bei hellem Mondschein unterwegs. In Wenstedt gesellte sich zu ihrer beider Schatten ein dritter, ohne daß aber ein weiterer Mensch zu erkennen war. In beiden Fällen konnte der Spuk gebannt werden, indem man Kirchenlieder anstimmte.

Hexenbrücke

Die sog. ‚Hexenbrücke' befindet sich am Dünsener (auch Kirchseelter) Kirchweg etwa auf halber Strecke zwischen Harpstedt und Dünsen. Sie überquert den *‚Hungergraben'* und ist mit zahlreichen abergläubischen Überlieferungen verknüpft. Anlaß dafür gab sicher das nahegelegene Wenstedt, das auf ungeklärte Weise verschwunden ist. Der sog. Hungergraben zwischen den Waldungen ‚Hagen' und ‚Amtsacker' wurde im Jahre 1848 von Tagelöhnern angelegt. Die Obrigkeit sorgte für diese harte Beschäftigung, um den Arbeitslosen wenigstens einen geringen Verdienst zu verschaffen. An die damalige Not- und Hungerzeit erinnert der Name ‚Hungergraben'.

Heute soll man die Brücke hinkend auf einem Bein überqueren, um Unheil zu verhüten. Früher gab es mehrere Brücken, unter denen jeweils eine Hexe wohnte, welche die Fußgänger durch unsichtbare Fäden zum Stolpern brachte. Fiel jemand, soll sie schadenfroh gelacht haben. Man konnte sich schützen, indem man hinüber kroch. Die Sage erzählt, daß Kinder in der Bickbeerenzeit Beerenopfer niederlegten, damit die Hexen nicht ihre Eimer ausleerten.

HOLTE (Bissendorf, Lkr. Osnabrück)

Holter Burg

Man fährt von Bissendorf aus zunächst in Richtung Melle, biegt dann aber hinter der Autobahnbrücke rechts in Richtung Borgloh ab. Die Beschilderung weist bald zur ‚Holter Burg', die heute nur noch als Ruine vorhanden ist.

Mitte des 12. Jh. wird der Name Holte erstmals urkundlich erwähnt. Die Edelherren von Holte erbauten die Bergburg an zwei sich hier kreuzenden Verkehrs-

Teufel als Schatzhüter

Schatzgräber bei der Arbeit

wegen. Der eine war der alte Höhenweg Osnabrück – Herford, der andere kam von Süden durch die Noller Schlucht und führte über Holte nach Norden. Selbst die Ruine läßt noch auf die einstige Wuchtigkeit der Anlage schließen. Man erkennt noch die Stelle des ehemaligen Brunnens, dem die Sage eine besondere Rolle zuweist.

1144 ist die Burg durch den Osnabrücker Bischof Philipp von Katzenellenbogen zerstört worden. Sein Motiv ist nicht bekannt, zumal die von Holte als Lehnsträger der Grafen von Tecklenburg allgemein ein großes Ansehen genossen. Auch stellten sie eine Reihe hoher geistlicher Würdenträger, u. a. zwei Bischöfe von Münster und einen Erzbischof von Köln. Möglicherweise ist die Beseitigung dieser politischen Sonderstellung Ziel des Osnabrückers gewesen.

Die Volksüberlieferung beschreibt den Grund für den Überfall auf die Bergburg so: Der Graf von Holte soll ein gefürchteter Wegelagerer gewesen sein, dem der Bischof Philipp von Osnabrück gemeinsam mit dem Grafen Otto von Ravensburg das Handwerk legen wollte. Sie belagerten zunächst vergeblich die Feste des vermeintlichen Raubritters; sie trotzte allen Angriffen. Eines Tages kam eine Bauersfrau ins Lager, um Butter feil zu bieten. Der Preis jedoch war so hoch, daß man ihr nichts abkaufte. Da ging sie mit den Worten: „Was die Bischöflichen nicht wollen, werden die Holter gern bezahlen." Die Belagerer beobachteten, wie sie auf die Burg zuging und durch eine geheime Tür in einem Felsengang verschwand. Durch diese Entdeckung gelang es schließlich, die Burgbewohner zu überwältigen. Dem Herrn aber glückte die Flucht. Vorher raffte er seine Schätze zusammen – darunter einen Tisch, dessen Platte aus einem einzigen Diamanten bestand – und warf sie in den Schloßbrunnen. Aufgrund seiner Verwünschung ‚Dort liegt in des Teufels Namen!‘ hütete der Böse nach der Zerstörung der Burg und Verschüttung des Brunnens sorgfältig die Schätze. Viele vergebliche Versuche wurden unternommen, den ‚Demanttisch‘ ans Licht zu befördern. Einst entdeckte eine weise Frau die Formel, mit der man den Teufel bannen könne. Während des Hebens galt ein strenges Schweigegebot, das jedoch durch Gedankenlosigkeit eines Helfers gebrochen wurde. Nicht nur der Schatz stürzte in die Tiefe, auch die weise Frau verunglückte dabei. So ist die geheimnisvolle Formel verloren gegangen.

Eine andere Sage erzählt von Räubern auf der Burg zu Holte, die die Gegend ringsum verunsicherten. Ihre Verfolger täuschten sie dadurch, daß sie ihren Pferden die Hufeisen verkehrt unterlegten. Im Dreißigjährigen Krieg gelang es, ihre Burg völlig zu zerstören. Nur an einer Stelle der Ruine, unter der sich der Brunnen befindet, soll beim Überschreiten ein dumpfer, hohler Ton entstehen.

→ Bissendorf, → Schledehausen.

HOPSTEN (Lkr. Steinfurt)

Großes Heiliges Meer

Man gelangt über die Straße von Ibbenbüren nach Hopsten in das Naturschutzgebiet ‚Heiliges Meer‘. Westfalens größter natürlicher See liegt im sog. Heiligen Felde zwischen Mittellandkanal und der Ortschaft Hopsten. Eine biologische Forschungsstation der Universität Münster ist hier eingerichtet worden, um seltene Pflanzen und Wasservögel zu beobachten. In dieser Heidelandschaft befinden sich insgesamt drei Seen, von denen der größte, das Heilige Meer, von der Landstraße aus leicht zu erreichen ist. Die Wissenschaft sieht die Seen als Resultate von Erdstürzen an. Nach Auslaugung von Zechsteinsalzen durch Wasser seien in vorgeschichtlicher Zeit Einbrüche erfolgt. Der heutige Name Heiliges Feld soll sich aus den alten Bezeichnungen ‚hellig‘ für ‚schlimm, böse‘ und ‚Feld‘ für ‚Heide‘ gebildet haben.

Der Volksmund leitet den heutigen Namen von einem Benediktinerkloster her, das in dieser Gegend einst versunken sein soll. Abt und Konvent hatten sich zusehends dem weltlichen Leben zugewandt, so daß des Himmels Zorn über sie kam: Das Anwesen ging unter, und an seiner Stelle sammelte sich Wasser zu einem See. Dieser ist so klar, daß man an sonnigen

Meermaid.
Holzschnitt in Hortus Sanitatis,
Mainz, 1491

Tagen in der Tiefe die Klostertürme erblicken kann. Noch lange nach dem Unglück pilgerten Gläubige an den Ort, um hier Wasser zu schöpfen, das sie für geweiht hielten. Man sagt, das Gewässer lasse weder Holz noch Schiffe auf sich schwimmen. Bei Stürmen – so weiß die Sage – wirft das Heilige Meer noch immer Balken und Sparren des versunkenen Klostergebäudes an die Ufer. Der Vorübergehende bete dann ein Vaterunser oder ein Ave Maria. Einer anderen Überlieferung zufolge leben in dem See Meerjungfrauen.

Hoya (Lkr. Nienburg)

Bereits Anfang des 12. Jh. wird im Laargau ein vicus Hoya, also ein Handelsplatz, erwähnt. Um 1200 ließ sich der Graf von Stumpenhausen dort nieder, dessen Familie sich seitdem nach Hoya benannte. Die 1233 erstmals erwähnte Burg lag zunächst mit der Kirche auf einer Weserinsel, die Ende des 17. Jh. durch Zuschütten des Weserarmes mit der Stadt vereint wurde. Heute ist die evangelische Kirche St. Martini als Saalbau mit gotischem Chor und Westturm erhalten. Um 1345 wurde Hoya Residenz der gleichnamigen Niedergrafschaft, da die Grafen Ende des 13. Jh. ihre

Herrschaft geteilt hatten. Im Jahre 1503 starb die Linie aus. Das Adelsgeschlecht machte sich durch geistige und kulturelle Regsamkeit einen Namen. Das Marktrecht erhielt Hoya um 1368 und besaß damals schon ein Go- und Landgericht. Graf Jobst II. von Hoya (1507–1545) – als Freund der Wissenschaft bekannt – begann die Reformation einzuführen. 1929 erfolgte die Verleihung des Stadtrechts.

Schloß

Die ehemalige Burg auf dem östlichen Weserufer beherbergt heute das Amtsgericht. Die Seitenflügel weisen noch einen mittelalterlichen Kern auf. Aus der einstigen Burgkapelle ging die Pfarrkirche hervor. Der Überlieferung nach sollen Schloß und Stadt ihren Namen von einem Grafen Hajo von Potenburg und Memmenburg erhalten haben, der 1071 die Hajosburg erbaute.

Von einem nicht beim Namen genannten Grafen erzählt die Sage, daß ihm nachts ein kleines Männlein erschien. Der Zwerg bat darum, im Schlosse mit seinem Volk feiern zu dürfen, was dem Grafengeschlecht nicht zum Nachteil gereichen sollte. Nach erhaltener Zusage feierten die Zwerge in der Nacht ein großes Fest. In der Küche wurde gebraten und gebakken; im Saal getanzt und gespeist. Als Dank überreichte der Unterirdische dem Grafen am nächsten Morgen ein Schwert, ein ‚Salamanderlaken' und einen Ring mit rotem Stein, auf dem ein Löwe abgebildet war. Diese drei Gaben sollten immer beieinander bleiben, damit im gräflichen Hause nur Glück wohne. Ginge aber eine verloren, so würden Unglück und Zwietracht einkehren.

Die Geschenke wurden lange in Ehren gehalten. Der rote Löwe in dem Ring wurde jedes Mal ganz blaß, wenn ein Graf von Hoya sterben mußte. Als Graf Jobst und seine Brüder die Grafschaft gemeinsam regierten, gingen Schwert und Salamanderlaken verloren. Darauf folgten Krieg und Blutvergießen zwischen den Brüdern. Dem letzten Grafen von Hoya gab man den Ring mit ins Grab. Das Schwarz und Gelb der Grafschafter Fahne sollen von dem Salamanderlaken stammen.

HUDE (Lkr. Oldenburg)

Klosterruine

Im Jahre 1232 wurde das ehemalige Zisterzienserkloster durch die Grafen von Oldenburg gegründet. Es

Die Ruinen des Klosters Hude.
Kupferstich von D. Chodowiecki, 1794

siedelten sich Mönche aus Marienthal bei Helmstedt an. Das Anwesen kam im Jahre 1234 zu unverhofftem Wohlstand, nachdem Erzbischof Gerhard II. von Bremen die Stedinger Bauern bei Altenesch besiegt hatte. Diese waren nicht mehr bereit gewesen, ihre Zins- und Zehntpflicht einzuhalten. So unternahm die Geistlichkeit einen durchdachten Kreuzzug gegen die gefürchteten Stedinger. Die reiche Kriegsbeute – umfangreicher Grundbesitz und damit verbundene Erträge – brachten auch der Abtei in Hude wirtschaftlichen Aufschwung. Es wurde nicht nur eine große Kirche gebaut, sondern auch Handwerk, Kunst und Kultur gepflegt. Insbesondere die Backsteinarchitektur Niederdeutschlands erfuhr von hier aus starke Anregungen. Heute sind von der großartigen frühgotischen Klosteranlage nur die Eingangskapelle St. Georg, eine Wassermühle und die Klosterruine erhalten. Letztere – von *Hermann Allmers* besungen – steht unter Denkmalschutz. Der Niedergang des geistlichen und kulturellen Zentrums kündigte sich schon Ende des 15. Jh. an. Seit der Eroberung von → Delmenhorst im Jahre 1482 stand Hude unter der Landesherrschaft des Bischofs von Münster. Nicht nur die Bedrohung durch münstersche Drosten, sondern auch die Verweltlichung des Klosterlebens führten zum Zerfall. Der letzte Abt floh 1530, worauf Bischof Franz von Münster, der zugleich Graf von Waldeck war, 1533 das Kloster übernahm. Nach Abfindung der letzten Mönche erhielt Drost Wilke Steding die Erlaubnis zum Abbruch der Gebäude.

Die Vorgeschichte der Klostergründung steht mit einem Mord in Zusammenhang. Graf Christian von

Oldenburg – von einem Palästina-Kreuzzug heimkehrend – wurde 1199 zu Bergedorf an der Welse aus dem Hinterhalt getötet. Angeblich soll sein Bruder Graf Moritz von Oldenburg von dem Anschlag gewußt haben; Ausführende sollen drei Ritter gewesen sein. Nach der Hinrichtung der Mörder trat Moritz die Herrschaft allein an.

In Bergedorf wurde ein Zisterzienserkloster angelegt, der Überlieferung nach aus Sorge um das Seelenheil des durch Brudermord gestorbenen Grafen Christian. Diese Gründung erwies sich als nicht lebensfähig. Deshalb stiftete die Grafenfamilie dem Orden einen neuen Grundbesitz in Hude, wohin das Kloster verlegt wurde.

Eine Sage erzählt, daß die Mauern des Klosters besonders fest standen, weil der Mörtel mit süßer Milch bereitet war. Anlaß der Zerstörung war der Streit um einen gelehrigen Hengst, der sich im Besitz des Abtes befand. Dieser konnte das Tier mit einem Bestellzettel am Halse nach Oldenburg schicken, um dort Einkäufe zu erledigen. Der Bischof von Münster wollte dieses Pferd sein eigen nennen, erhielt jedoch eine Absage. Aus Zorn darüber ließ er das Kloster zerstören.

Hunteburg (Lkr. Osnabrück)

Heemannshügel

Eiszeitliche Gletscher haben nördlich und östlich von Bohmte große Mengen von Tal- und Heidesanden hinterlassen. Auch der Heemannshügel besteht aus einem solchen ertragsarmen Boden. Er befindet sich an der sog. Riesenstraße nach Wieckenhorst zwischen Hunteburg und Dielingen.

Der Sage nach wohnten hier nämlich zwei Riesen, einer auf dem Haldemer Berg, der andere, Heemann genannt, auf dem Venner Berg. Da nur der Haldemer Hüne einen Ofen besaß, backten sie gemeinschaftlich. Als Heemann einst mit seinem Teig zum Backofen seines Gefährten auf den Haldemer Berg ging, klopfte er in der Nähe von Bohmte seine Holzschuhe aus. Dadurch soll der Heemannshügel entstanden sein.

→ Lecker

Graf Gerd der Mutige von Oldenburg, Burgherr in Immer. Kupferstich, 1599

IMMER (Ganderkesee, Lkr. Oldenburg)

Welsburg

Durch den Staatsforst Stühe – ein beliebtes Erholungsgebiet der Wildeshauser Geest – führt eine Straße von Klattenhof nach Immer (→ Feldhake). Etwa 1 km vor der Ortschaft befinden sich linker Hand die Försterei und rechter Hand ein Autowanderer-Rastplatz. Hier kann das Auto geparkt und eine Kurzwanderung begonnen werden. Zunächst begibt man sich zum Altenheim, wohin ein Schild den Weg weist. Mit Blick auf das Tal der Immerbäke geht man direkt am Waldrand

entlang weiter. Nach wenigen Minuten macht der Weg eine deutliche Rechtskurve. An dieser Stelle überschaut man den Wiesengrund und einen Fischteich, der mit Karpfen und Schleien besetzt ist. Dann folgt der Wanderer einem engen Pfad nach links, der bald auf einem Schotterweg endet. Nach gut 500 m erreicht dieser den Durchgangsweg, der rechts zur ‚Welsburg' führt. Man gelangt durch einen Abstecher vom Wanderweg nach weiteren 700 m zu dem großen Bauernhof mit Namen Welsburg, der am Giebel das Wappen des Oldenburgischen Großherzogs trägt.
Die Umgebung ist landschaftlich besonders reizvoll und bietet seltenen Tierarten Lebensraum. Am schnellsten erreicht der Besucher den Ausgangspunkt und Parkplatz, wenn er 700 m zurück zum Wanderweg geht und geradeaus durch den hohen Buchenwald wandert. Insgesamt hat man fast 4 km zurückgelegt.
Die Welsburg diente im 15. Jh. dem Oldenburger Grafen Gerd als Residenz und Raubritternest (→ Delmenhorst/Burg). Von hier aus unternahm er seine Überfälle auf reisende Kaufleute am Stedinger Weg, Bassumer Weg oder der Flämischen Straße. Im Jahre 1359 wurde das Anwesen erstmals erwähnt, 1479 von den Wildeshausern eingenommen und völlig zerstört.

IMSUM (Langen, Lkr. Cuxhaven)

Ochsenturm
Nach der Überlieferung wurde die den Heiligen Bartholomäus und Thomas geweihte Kirche im Jahre 1218 erbaut. Heute ist sie nur noch als Ruine auf einer Wurt unmittelbar hinter dem Weserdeich erhalten. Als Abbruchsjahr nennt man 1895. Bis zu diesem Zeitpunkt war die Kirche ein rechteckiger romanischer Feldsteinbau mit Westturm. Es blieb lediglich der ehemalige Kirchturm stehen, um als Landmarke für die Seefahrt zu dienen. Heute wird der im Volksmund ‚Ochsenturm' genannte Bau als Aussichtsturm genutzt.
Den Ortsnamen Imsum erklärt eine Volkserzählung so: Die Einwohner von Dingen und Weddewarden, die zu einer Gemeinde gehörten, wollten eine eigene Kirche errichten. Da sie sich über den Bauplatz nicht einigen konnten, wollten sie zwei starke Ochsen entscheiden lassen. Man band die Tiere zusammen, und jede Gemeinde hoffte, daß ihr Ochse den schwächeren in Richtung des Heimatdorfes ziehen würde. Die

Zuschauer feuerten die Tiere jedoch so lautstark an, daß beide verwirrt an die Weser liefen und sich gemeinsam im Sumpf niederließen. So führte man an dieser Stelle das Gotteshaus auf und nannte den Ort *‚Im Sumb'* oder ‚Imsum'.
Seit 1877 steht eine evangelische Kirche an der Straße Weddewarden – Dingen, um die Aufgabe der alten zu erfüllen. Der neugotische Backsteinbau enthält die wertvolle Innenausstattung der alten Kirche.

ISTERBERG (Lkr. Grafschaft Bentheim)

Isterberg
Innerhalb der Samtgemeinde *Schüttorf* liegt in Isterberg an der B 403 der sog. Isterberg. Eine plattdeutsche Volkserzählung weiß, daß hier Noah nach der Sintflut mit seiner Arche an Land gegangen ist. Auf der kleinen Erhebung liegt ein Stein, auf dem heute noch Spuren zu erkennen sind. Als der Stein nämlich durch das viele Wasser ganz weich geworden war, drückten sich die Fußstapfen von Noah und von großen und kleinen Tieren deutlich ein.
→ Schüttorf.

JEVER (Lkr. Friesland)

Schloß und geheimer unterirdischer Gang
Die Ortschaft – einst durch ein schiffbares Tief mit der Jade verbunden – war schon früh ein bedeutender Handelsplatz. Im Jahre 1850 wurde hier ein Hort von 5 000 Römermünzen der Kaiserzeit gefunden. Allerdings ist nicht geklärt, ob es sich dabei um den Verlust eines römischen Kaufmanns handelt oder um die Kriegsbeute eines Einheimischen. Ebenso umstritten ist die Frage, ob das im *Gudrunlied* erwähnte *‚Gifers uf dem sande'* die Ortschaft Jever bezeichnet.
Die Burg, heute Schloß genannt, wurde durch Häuptling Edo Wiemken d. Ä. in der 2. Hälfte des 14. Jh. gegründet. Nach der Zerstörung durch die Ostfriesen unter Ocko II. tom Brok erfolgte der Neubau im Jahre 1428. Unter der Herrschaft Edo Wiemkens II. (1450–1511) wurde die Burg weiter als Wehranlage ausgebaut. Seine Tochter, die als ‚Fräulein Maria' in die Volksüberlieferung eingegangen ist, führte das Jeverland zu Blüte und Bedeutung. Sie ließ ihrem Vater in der Stadtkirche das berühmte Edo-Wiemken-Denkmal errichten. Während ihrer umsichtigen Regentschaft erhielt Jever 1536 die Stadtrechte. Da sie keine Nachkommen hatte, ver-

machte sie das Jeverland dem Oldenburger Grafenhaus. Graf Anton Günther förderte hier die Zucht edler oldenburgischer Pferde, die in ganz Europa berühmt wurde. Durch kluge Politik und Diplomatie hielt er die Schrecken des Dreißigjährigen Krieges von seinem Lande fern.

Der Sage nach ist das Fräulein Maria von Jever nicht gestorben, sondern hat das Schloß durch einen geheimen unterirdischen Gang verlassen. Vorher soll sie befohlen haben, daß man allabendlich die Glocken läuten solle, bis sie eines Tages wiederkomme. Das Marienläuten wird heute noch gepflegt, geht aber auf das erste jeversche Stadtrecht im 16. Jh. zurück. Zur Zeit Marias hatte es die Aufgabe, eine Art Polizeistunde auszurufen.

Auch der geheimnisumwobene Tod der verdienstvollen Herrscherin hat bestimmte historische Hinter-

Fräulein Maria von Jever. Kupferstich, 1599

Das Schloß in Jever, davor Pferdemarkt. Stahlstich, um 1850

gründe. Das Fräulein soll einem engen Vertrauten die Anordnung erteilt haben, aus Sicherheitsgründen ihr Ableben geheimzuhalten, bis der Nachfolger eingetroffen sei. Bevor Graf Anton Günther aus Oldenburg im Schloß eintraf, verzehrte der Diener sogar die für Maria bestimmten Speisen, um das Personal nicht zu beunruhigen. Das Mißtrauen galt den Ostfriesischen Grafen, die auf einen günstigen Augenblick warteten, um die Herrschaft über das Jeverland an sich zu reißen.

Der in der Sage erwähnte unterirdische Gang ist heute noch an versteckter Stelle im Schloßpark zu sehen. Es handelt sich dabei um einen Fluchtweg, der einst für Notfälle angelegt wurde.

1667 kam Jever durch Erbgang an Anhalt-Zerbst und 1793 an Katharina die Große von Rußland. 1818 wurde es wieder oldenburgisch. Die fünf Regenten des Jeverlandes sind als Figuren aus bemaltem Lindenholz in einem Glockenspiel dargestellt. Nach alten Vorlagen wurden sie kunstvoll geschnitzt und am Glockenspielhaus am Markt ausgestellt.

→ Oldenburg.

L

LAGE (Rieste, Lkr. Osnabrück)

Kloster Lage

In der Gemeinde Rieste hat sich eine der größten Kommenden des Johanniter-Ritterordens in Nordwestdeutschland erhalten. Das Klostergut Lage wurde im Jahre 1245 von Graf Otto von Tecklenburg gestiftet und dem Johanniter-Hospital zu Jerusalem geschenkt. Die Kommende, die alte und gebrechliche Ordensmitglieder aufnehmen sollte, zeugt vom Geist der hochmittelalterlichen Kreuzzugsbewegung. Mehrmals zerstört, entstammen die heute erhaltenen Gebäude dem 18. Jh. Mit Aufhebung der Komturei und des Klosters im Jahre 1803 verfiel die Anlage und wurde erst nach dem II. Weltkrieg restauriert. Der Rittersaal, in dem sich heute der Speiseraum

Wallfahrtskreuz Lage-Rieste

eines Restaurants befindet, zeigt noch Portraits der Komture. Die ehemalige Klosterkirche „Johannes der Täufer“ wurde 1426 geweiht. Der kostbare Barockaltar und die feinen Stuckarbeiten sind sehenswert. In einer Seitenkapelle findet man als Gnadenbild ein überlebensgroßes Eichenholzkruzifix. Das eindrucksvoll gestaltete Werk erhielt Anfang des 14. Jh. seine Weihe. Seitdem hat sich bis heute eine Wallfahrt gehalten, die jährlich etwa 60 000 Gläubige hierherführt. Die Pilger erflehen Heilung von Krankheiten sowie die Gnade einer guten Sterbestunde.
Die Legende erzählt, das wundertätige Kreuz sei nach einer Erscheinung des Heilands von zwei Klosterbrüdern geschnitzt worden, die vorher noch nie ein Schnitzmesser in der Hand gehabt hatten. Nach vollbrachtem Werk mußten beide eines natürlichen Todes sterben.

LECKER (Bohmte, Lkr. Osnabrück)

Steinkreuz
Zur Großgemeinde *Bohmte* gehört seit 1972 auch die Landgemeinde *Herringhausen*. Auf ihrem Gebiet, vor dem Nordhang des Wiehengebirges, befindet sich der alte Wohnplatz Lecker. Erstmals erwähnt wurde diese Weilersiedlung im 11./12. Jh.; verschiedene Anzeichen sprechen für eine Gründung in fränkischer Zeit.
Sehenswert ist beispielsweise die sog. Leckermühle im Winkel der B 51 und B 68, die schon 1420 als bischöfliches Lehen genannt wird. Diese ursprüngliche Wassermühle kann auch durch Turbine, Motorkraft und Dampf angetrieben werden.
Ein unauffälligeres Denkmal findet man an der Straße von Ostercappeln nach Bohmte. Das ‚Steinkreuz in Lecker‘ soll an folgende Begebenheit erinnern: Eines kalten Wintertages ging ein Knabe im Wald auf Holzsuche. Sein Vater lebte nicht mehr, und seine Mutter lag schwerkrank zu Bett. Als er sich gerade mit einem Reisigbündel auf den Heimweg machen wollte, ertappte ihn der Holzvogt. Das Kind flüchtete und beachtete auch den warnenden Zuruf nicht, stehenzubleiben. Da schoß es der Holzvogt nieder. Zum Andenken wurde das steinerne Kreuz gesetzt.
→ Hunteburg.

LEER (Lkr. Leer)

Plytenberg

Der in der Plytenbergstraße gelegene Erdhügel weist eine Höhe von rund 9 m sowie einen Durchmesser von rund 80 m auf. Sowohl sein Alter als auch seine Bedeutung sind umstritten. Möglicherweise handelt es sich um einen Grabhügel, unter dem ein Wikingerhäuptling bestattet wurde, vielleicht auch um eine alte Gerichts- oder Kultstätte. Darüber hinaus kann nicht ausgeschlossen werden, daß der Plyten- oder *Plitenberg* wegen seiner markanten Lage am Mündungsgebiet der Leda in die Ems als Seezeichen gedient hat. Die Volksüberlieferung, die ja häufig vorchristliche Realität widerspiegelt, spricht vom sog. *Donnersberg,* auf welchem ehemals ein Götzenbild gestanden habe. Von Marienhafe und von weiterher seien die Menschen gekommen, um das heidnische Heiligtum zu verehren.

Eine Sagenbildung neueren Ursprungs erzählt von den ‚Erdmantjes', die vor über 500 Jahren im Plytenberg gewohnt haben sollen. Sehr selten seien die Zwerge von Menschen beobachtet werden, doch habe man oft Hilfe oder Heilung von ihnen erfahren. Diese unterirdischen Wesen waren mit ihrem König Sjurt Bewohner eines reichen Schlosses, in dem sich auch der verschollene Schatz des Friesenkönigs Radbod befand.

Laut Geschichtsschreibung trat Radbod im Jahre 690 als Führer der Friesen auf. Mit seinem Heer wehrte er sich standhaft gegen die Franken. Der neue, christliche Glauben konnte unter seinen Leuten keinen Ein-

Leer, Stahlstich von F. Foltz

zug halten. Im Jahre 718 starb der Friesenkönig und ist als sagenumwobene Gestalt in die Volksüberlieferung eingegangen.
Er wurde nicht nur als Widersacher und Zeitgenosse Karls d. Gr. dargestellt, sondern auch als mythisches Wesen. Als König Robolius oder Robolus braust er in der Silversternacht mit seinem Wagen durch die Lüfte. Damit ähnelt er dem Gott Wodan, der geräuschvoll mit seinem Wilden Heer durch die Luft jagt. Zahlreiche Wegbezeichnungen oder Flurnamen erinnern noch an den altfriesischen König.
Am Plytenberg feiern die Kinder heutzutage das Osterfest mit einem althergebrachten Eierspiel. Vermutlich wurde die in unmittelbarer Nähe stehende älteste Kirche Leers hier errichtet, um mit christlicher Glaubenslehre gegen heidnische Bräuche zu wirken. Die Krypta der ehemaligen Kirche St. Luidger stammt aus der Zeit um 1190. Die Oberkirche wurde als Rekonstruktion errichtet. Im Jahre 1955 gestaltete die Stadt Leer in der Krypta eine Totengedenkstätte für die Opfer beider Weltkriege.

LINGEN (Lkr. Emsland)

Machuriusbrunnen
Im Jahre 975 wurde Lingen erstmals urkundlich erwähnt; Marktrechte erhielt es 1327. Die Stadtrechte wurden dem aus einem tecklenburgischen Grafensitz entstandenen Ort im Jahre 1306 verliehen. Seine Lage an wichtigen Fern- und Handelswegen wirkte günstig auf die Entwicklung des Marktwesens.
Graf Nikolaus IV. von Tecklenburg baute Lingen um 1520 zur Festung aus. In der Folgezeit war die Stadt einer wechselvollen politischen und konfessionellen Geschichte unterworfen. Im Jahre 1697 wurde eine Universität gegründet, aus der im Jahre 1819 das Gymnasium Georgianum hervorging. Lingen stand lange unter niederländischem Einfluß. Die Herrschaft der Oranier, die die katholische Konfession unterdrückte, fand Anfang des 18. Jh. ein Ende, als Preußen die Regierung übernahm.
Vor dem Neuen Rathaus an der Ecke Elisabethstraße/ Neue Straße steht seit 1972 der sog. Machuriusbrunnen. Er wurde der Stadt vom Bürgersöhne-Aufzug *‚Die Kivelinge‘* geschenkt. Diese traditionspflegende Vereinigung erinnert an die Kriegs- und Notzeit des Jahres 1372. Damals taten sich junge Männer zusammen, um ihre Stadt zu verteidigen. Zum Andenken an dieses Ereignis feiern die unverheirateten Bürger-

Lingen, Stahlstich von E. Höfer

söhne alle drei Jahre zu Pfingsten das Kivelingsfest. Von der auf dem Brunnen dargestellten Figur geht folgende Sage:
Zur Zeit der Missionierung an der Ems hauste ein grausamer Häuptling mit Namen Machurius oder Michorius an der Stelle des heutigen Lingen. Einst verbündeten sich seine Gegner, stürmten seine Burg und steckten alles in Brand. Vor seinem Tode erschienen ihm eine Engelsgestalt und der Teufel. Er verschrieb sich aber dem Bösen, um sich an seinen Gegnern rächen zu können. Dafür gelobte er, sechs Monate im Jahr dem Fürst der Finsternis zu dienen. Seitdem mieden die Menschen das Gebiet, in welchem der Geist des Machurius sein Unwesen trieb. Eines Tages jedoch baute ein Sohn des Tecklenburger Grafen hier seine Burg. Der Prior warnte ihn, die Gegend stehe in einer ‚lingua mala', in schlechtem Ruf. Der junge Graf aber handelte der Warnung zum Trotz und nannte die Burg *‚Lingua mala'*, woraus allmählich ‚Lingen' wurde. Machurius aber spukte weiter und wurde schließlich – gegen das Versprechen einer Klosterstiftung – von zwei Mönchen des hl. Benedictus gebannt. Seitdem geht er im Lohneschen Sand um und kommt alljährlich einen Hahnenschritt näher. Zudem müßte er einen durchlöcherten Eimer mit Wasser in die Stadt tragen, um dort bleiben zu dürfen.

LOHNE (Lkr. Vechta)

St. Anna-Klus

Die Ortschaft wird im Jahre 980 erstmals als *‚villa Laon'* urkundlich erwähnt. Vermutlich fand die Missionierung Lohnes von Visbek aus statt. In Südlohne

befindet sich eine Gnadenstätte, die an einem alten Heerweg liegt, dem sog. *Pickerweg*. Er führt vom Rhein durchs südliche Oldenburg bis zur Ostsee. Auf diesem Wege brachte im Jahre 851 Graf Waltbert (oder Walbert), ein Enkel Widukinds, die Gebeine des hl. Alexander nach → Wildeshausen.
Ein Kreuzfahrer soll einst aus dem Heiligen Land zurückgekehrt und über den Pickerweg nach Südlohne gelangt sein. Dort ließ er sich in der Nähe einer Quelle nieder, um als Klausner Gott sein Leben zu weihen. Bald kamen die Menschen hilfe- und ratsuchend zu dem frommen Mann, den sie ‚Klusmann' nannten. Er hatte eine Kapelle – im Volksmund ‚Klus' genannt – der hl. Anna geweiht. An der Quelle erlangten viele Gläubige Linderung oder Heilung ihres Gebrechens. Noch heute soll sie bei Augenleiden und anderen Krankheiten helfen.

LÜBBECKE (Lkr. Minden-Lübbecke)

Babilonie
Die sog. Babilonie, eine alte Volksburg, liegt zwischen Lübbecke und Holzhausen, oberhalb des Dorfes Mehnen. Sie ist von Lübbecke aus auf einer gut ausgeschilderten Wanderroute zu erreichen, die vom Parkplatz aus zum Wittekindsweg führt (→ Minden). Der Name des archäologischen Denkmals steht in keinem Zusammenhang mit der mesopotamischen Stadt Babylon. Neben einer Deutung als ‚oben gelegener Wald' existieren weitere Auslegungen der Bezeichnung. Die Burg besteht aus weitläufigen Anlagen, die mehrfach durch Wälle untergliedert und geschützt sind. Archäologische Untersuchungen haben verschiedene Siedlungsabschnitte nachgewiesen, die aus germanischer, sächsischer und spätkarolingischer oder ottonischer Zeit stammen. Aufgrund ihres beachtlichen Umfanges läßt sich auf die Funktion einer Fliehburg schließen. Außerdem diente sie wohl der Sicherung einer alten Heer- und Handelsstraße, die am Nordfuß des Wiehengebirges entlang führte.
Der Sage nach wurde Wittekind in der Babilonie geboren. Seine silberne Wiege soll noch heute in dem Berg stehen, konnte jedoch nie gefunden werden. Schon oft hat man vergeblich versucht, den Eingang in das Innere auszumachen. Auch der ganze Schatz des Sachsenherzogs liegt darin verborgen, nachdem Wittekind sich nach der letzten verlorenen Schlacht mit seiner Habe und seinem Gefolge dort hinein gewünscht hat. In einer Johannisnacht wird es vielleicht

*‚Vom Schatzfinden‘,
Holzschnitt aus : Sebastian Brant, Narrenschiff, 1494*

jemandem gelingen, mit Hilfe von Magie zu dem Schatz zu gelangen. Nach einer anderen Version kann ihn nur derjenige heben, dem eine weiße Jungfrau erscheint, welche sich nur alle hundert Jahre einmal sehen läßt.

Es wird erzählt, Wittekind reite manchmal mit seinen Mannen auf weißen Rössern über das Gebirge und besuche seine Burgen. Diese Erscheinung soll einen bevorstehenden Krieg anzeigen.

MANSIE (Westerstede, Lkr. Ammerland)

Burgschatz von Mansingen

Von der Landstraße Westerstede – Ocholt führt etwa 1 km hinter dem Flecken Fikensolt ein Weg rechts ab zum Burgwall Mansingen. Im Tal der Süderbäke, einem Naturschutzgebiet, zeugen lediglich mehrere Hügel von der einstigen Burg. Vermutlich nach einem späteren Besitzer dieses Grundstücks ist der Burgplatz auch als *‚Hammjeborg‘* bekannt. Auf dem großen Hügel wird die Hauptburganlage gestanden haben, während die kleineren Erhebungen mit Vorburg und Wirtschaftsgebäuden bebaut gewesen sein dürften. Die Edlen von Mansingen wurden 1226 erstmals urkundlich erwähnt. 1385 enden die Aufzeichnungen, die Burg ging in anderen Besitz über und verfiel allmählich.

Der Sage nach sollen in den Hügeln reiche Schätze vergraben sein, doch ist es noch keinem gelungen, sie zu heben. Das strenge Schweigegebot, das mit dem Heben verbunden ist, wird immer gebrochen. Übernatürliche Wesen stellen den Schatzgräbern eine Fangfrage, die zu solchem Verblüffen führt, daß sofort eine Antwort gegeben wird. Daraufhin verschwindet die Erscheinung, und die Schatzkiste versinkt wieder in der Tiefe.

→ Fikensolt, → Westerstede

Schatzausgrabung, Darstellung von 1714

Marienhafe (Lkr. Aurich)

Marienkirche mit Störtebekerturm
Die als ‚Dom von St. Marien' in der 2. Hälfte des 13. Jh. errichtete Basilika war die größte Kirche Ostfrieslands. Obwohl im 19. Jh. bedeutend verkleinert, bestimmt sie noch heute das Bild des Städtchens. In den Jahren von 1396 bis 1402 durchlebte sie eine bewegte Geschichte, denn Klaus Störtebeker hatte sich mit seinen Viktualienbrüdern in ihrem Turm einquartiert. Marienhafe war damals durch eine schiffbare Wasserrinne – das *‚Störtebekertief'* – mit der Leybucht verbunden und hatte damit die Bedeutung eines Seehafens. Daß Störtebeker sich jemals persönlich in Marienhafe aufgehalten hat, ist allerdings historisch nicht exakt nachweisbar.
Die auch als ‚Viktualienbrüder' oder ‚Likedeeler' benannten Seeräuber nutzten die weite Sicht vom ehemals 80 m hohen Westturm, um die Leybucht zu überwachen, oder sie orientierten sich an ihm, wenn sie von ihren Raubzügen zurückkehrten. Die Bezeichnungen für die Seeräuber erklären sich aus der Tatsache, daß ihre ursprüngliche und legale Aufgabe darin bestand, Stockholm während einer Krise mit Lebensmitteln zu versorgen. Die ‚Vitalier' verfügten über sog. Kaperbriefe, die ihnen gestatteten, dänische und norwegische Schiffe, deren Besatzung ihnen hinderlich wurde, straflos zu entern. Als ihre Arbeit nicht mehr notwendig war, verlegten sich die Männer auf das Ausrauben von hansischen Kauffahrtei-, d.h. Handelsschiffen. Ein Teil der rauhen Gesellen begab

Alte Kirche in Marienhafe. Stich von G. Rudolf, um 1850

Angebliches Bildnis von Klaus Störtebeker, Kupferstich von Daniel Hopfer

sich weiter nach Osten, einige auch nach Spanien, die meisten aber machten die Nordsee unsicher. Da von der Beute auf jeden von ihnen ein ‚gleicher Anteil' fiel, wurden sie auch ‚Likedeeler' genannt.

Ostfriesische Häuptlinge, von denen sie bisweilen aufgenommen wurden, erhielten ebenso ihren Anteil, und Dörfer, in denen die Vitalienbrüder eine Zeitlang wohnten, profitierten finanziell durch deren Anwesenheit. Der ursprüngliche Name ihres Anführers ist nicht bekannt. ‚Störtebeker' wurde er genannt – so sagt man – weil er ein großes Trinkhorn bei sich führte, aus welchem er sieben Liter Wein oder Bier in einem Zug trinken konnte. Daß er es verstand, auf diese Weise ‚Becher zu stürzen', soll der Grund für die beiden gestürzten Becher im Wappen von Marienhafe sein.

Marienhafes bewegte Zeit fand mit der Niederlage der Seeräuber gegen die Hamburger und die Hinrichtung Störtebekers im Jahre 1402 ein Ende. Heute ist im Turm der Kirche ein Museum untergebracht, welches eindrucksvolle historische Zeugnisse aus der Vergangenheit der Marienkirche enthält. Von der Höhe hat man einen weiten Blick über das Brookmerland.

MERZEN (Lkr. Osnabrück)

St. Lambertus-Kirche

Die kath. Kirche befindet sich im Ortskern von Merzen an der Hauptstraße. Bereits im Jahre 977 wird eine Urpfarrei im sog. *Varngau* erwähnt. Die heutige neugotische Hallenkirche stammt von 1874/76. Der Westturm wird im Ursprung auf ungefähr 1200 datiert, im Jahre 1894 wurde er erhöht. Eine Rolle mit eisernen Armringen, die bis 1974 in der Kirche hing, wurde gestohlen. An sie knüpft folgende bekannte Sage:

Einst wurden zwei pilgernde Bauern auf ihrer Rückreise von Palästina von einer Türkenrotte überfallen und im Kerker angekettet. Sie waren bereit, lieber in den Tod zu gehen, als ihrem Christengott abzuschwören. So wurden sie nachts im Schlaf von einem Engel in die Heimat geführt. Als sie in Merzen erwachten, hatten sie noch ihre eisernen Handfesseln an den Armen. Diese wurden zum Andenken in der Kirche aufgehängt.

MIDDELS (Lkr. Aurich)

Ev. Kirche

Das Dorf Middels gehört zur Stadt Aurich und ist über die Esenser Straße zu erreichen. Man kann auch das Auto außerhalb des Zentrums auf einem Parkplatz abstellen, der sich an der rechten Straßenseite befindet. Von dort aus folgt man dem Ostfriesland-Wanderweg, der parallel zur Esenser Straße verläuft und über Middels führt. Dort steht die evangelische Kirche, ein einschiffiger Granitquaderbau aus der zweiten Hälfte des 12. Jh. Südlich der Kirche steht der mittelalterliche Glockenturm des geschlossenen Typs aus Backstein.

Vom Bau dieses Glockenhauses wird eine kurze Erzählung überliefert: Die vier Ortschaften des Kirchspiels Osterloog, Westerloog, Spekendorf und Ogenbargen stritten sich um den Standort der neuen Kirche. Jede wollte sie im eigenen Dorf errichten. So schickte man ein führerloses Ochsengespann aus, dem man die Entscheidung überließ. Wie durch göttliche Weisung hielt dies auf dem Heidfeld in der Mitte der vier Orte. So kam die Kirche – wie der Name zum Ausdruck bringt – in Middels zu stehen.

MINDEN (Lkr. Minden-Lübbecke)

Der älteste Siedlungskern ist im Jahre 798 erstmals bezeugt. Die befestigte Domburg in der Weserniederung wurde um 800 durch Karl d. Gr. als Bischofssitz gegründet. Er wußte die wirtschaftlich und strategisch gute Lage zu nutzen; hier am Durchtritt der Weser durch das Gebirge trafen sich nämlich alte Handelsstraßen. Die günstige Verkehrslage sowie seine Bedeutung als kirchliches Zentrum ließen Minden einen raschen wirtschaftlichen Aufschwung nehmen. Marktrechte erwarb der Ort im 10. und Anfang des 11. Jh. Im 13. Jh. wurde er Mitglied des Rheinisch-Westfälischen Städtebundes und der Hanse.
Aber nicht nur durch erfolgreichen Handel zeichnete sich die Stadt aus, sondern auch durch ihre kulturelle und künstlerische Ausstrahlung. Im Jahre 1529 wurde die Reformation eingeführt. Während des Dreißigjährigen Krieges hatte die Bevölkerung viel zu leiden.
Nach Auflösung des Bistums im Westfälischen Frieden war Minden zunächst brandenburgisch, später preußisch. Auch der Siebenjährige Krieg verlangte den Bürgern erhebliche Opfer ab.

Kath. Dompfarrkirche St. Petrus und Gorgonius
Der Gründungsbau stammt aus dem 9. Jh., doch hat es bereits eine Vorläuferkirche gegeben. In den folgenden Jahren führte man verschiedene Erweiterungen aus. Nach der entscheidenden Gestaltungsphase im 13. Jh. gilt der Dom heute als große Bauleistung der Gotik. Die schweren Zerstörungen des Zweiten Weltkriegs wurden durch mühevollen Wiederaufbau behoben. Im nördlichen Westwerkturm ist der wertvolle Domschatz zu besichtigen.
Zahlreiche Sagen erzählen vom Sachsenherzog Widukind und seinem vermeintlichen Wohnort (→ Rulle). Für Minden berichtet die Überlieferung von einem befestigten Schloß Wittekinds, das an der Stelle des heutigen Domes gestanden haben soll. Im Jahre 1613 sind bei der Beseitigung eines alten Turmes unterirdische Räume zutage getreten, in denen sich Steinsärge, Skelette und irdene Gefäße befunden haben. Die Fantasie des Volkes deutet diese Verliese als Reste einer Wittekindsburg.

Eine Erzählung weiß, daß Wittekind seinen Hof der Kirche übereignete, nachdem er eine Christusvision erlebt hatte. Als Bettler verkleidet drang er einst in das Lager Karls ein und beobachtete die Zeremonien des Osterfestes. Beim Abendmahl schaute der Sachsenherzog in jeder Hostie das Jesuskind. Je nachdem wie der Empfänger des heiligen Brotes gestimmt war, blickte auch das Knäblein freundlich oder traurig. Tief bewegt gab sich Widukind zu erkennen und bat um einen Priester. Karl d. Gr. versprach ihm sogar einen Bischof. Den Bauplatz für die Kathedrale ließ man durch eine weiße Gans auswählen.

Wittekindsburg

An der Porta Westphalica fließt die Weser zwischen dem Wittekindsberg und dem Jakobsberg hindurch und trennt so das Wiehengebirge. Im Westen führt ein beliebter Höhenwanderweg, der sog. *Wittekindsweg*, von Osnabrück nach Minden. Er bietet beeindruckende Ausblicke und führt an zahlreichen historischen Stätten vorbei. Auf dem westlichen Gebirgspfeiler der Westfälischen Pforte steht das 1896 eingeweihte Denkmal für Kaiser Wilhelm I.

Von dort aus gelangt man auf dem Kammweg in 25 Minuten zur Wittekindsburg. Von der einstigen Anlage sind noch Wälle und Gräben von beachtlicher Länge zu erkennen. Im felsdurchzogenen Gelände konnte durch archäologische Untersuchungen der Grundriß der einstigen Gemäuer ermittelt werden. Auch wurden zahlreiche Siedlungsfunde ans Tageslicht gebracht. Aufgrund der Ergebnisse ist die Burg nicht vor dem Ende des 8. Jh. angelegt worden und diente wohl keinen kriegerischen Zwecken. Erste historische Angaben zu diesem Anwesen stammen aus dem 13. Jh. Demnach erwarb im Jahre 993 Bischof Milo von Minden den königlichen Schutz Ottos III. für ein Nonnenkloster. Sein Hof, der das Benediktinerinnenkloster aufnahm, nannte sich *‚Wedegenburch'*. Aufgrund der Unwirtlichkeit des Ortes verlegte sein Nachfolger die Ordensgemeinschaft in die Stadt Minden. Heute steht auf der Höhe ein Gasthaus ‚Wittekindsburg'.

Der Sage nach hat Wittekind auf dem Wedigenstein seine Burg gehabt. Noch heute soll der Sachsenherzog in der Tiefe an einem großen Tisch aus Felsgestein sitzen. Um ihn herum sind seine gerüsteten Krieger versammelt; edle Rosse warten gesattelt. Alte Waffen schmücken die Wände, und zahllose Edelsteine werfen ein magisches Licht auf die Szene. Zwei weißgekleidete Kriegsjungfrauen hüten mit gezückten Schwertern den kostbaren Schatz. Bisweilen besteigt der Herzog sein Roß, um des Nachts mit seinen Mannen über den Bergrücken zu galoppieren. Er sucht seine ehemaligen Burgen auf, und früher hieß es, daß diese nächtliche Erscheinung Krieg bedeute (→ Lübbecke).

Margaretenklus

Ebenfalls auf dem Wittekindsberg innerhalb der alten Wallburg ist die sog. Margaretenklus zu besichtigen. Sie ist ein Überrest des oben erwähnten Klosters der Benediktinerinnen. Die kleine Kapelle wurde erst nach der Klostergründung errichtet und schon im Jahre 1123 erwähnt. Franziskanermönche bauten sie 1379 neu. Bereits damals handelte es sich nicht mehr um eine klösterliche Niederlassung, sondern um eine Waldkapelle.

Eine Quelle, die hier früher hervorsprudelte, ist inzwischen versiegt. Die Legende erklärt das Entstehen des Brunnens so: Wittekind und Karl waren einst an der Stelle, wo heute die Margaretenklus steht, in Streit geraten. Der Sachsenherzog verlangte ein Zeichen, das die Wahrheit des christlichen Glaubens verdeutliche. Als das Roß des Kaisers mit seinem Huf gegen den Felsen schlug, entsprang dort klares Wasser. Daraufhin wandte sich Wittekind dem christlichen Glauben zu, und zum Andenken an die Begebenheit wurde die kleine Kapelle erbaut.

MINSEN (Wangerland, Lkr. Friesland)

Meermaid im Ortswappen

Das alte Kirchdorf Minsen gehört zur Großgemeinde Wangerland, deren heutiges Wappen eine Nixe zeigt. Die Volksüberlieferung erzählt von der Begegnung zwischen Minser Fischern und der Meermaid:

Diese wurde versehentlich in einem Netz gefangen, dann aber an Land geschleppt und gequält. Die Männer wollten sie nur unter der Bedingung freilassen, daß sie ihnen ein Mittel gegen Not und Armut sage. Darauf nannte die Seejungfer zwei geheimnisvolle Kräuter, deren Wirkung sie aber nicht verraten wolle, auch nicht, wenn man ihr das Fell abziehen werde.

Kölln oder Dill –
Ik segg' jo nich, wo't got för is,
Un wenn ji mi ok fillt!

Heutiges Wappen der Großgemeinde Wangerland

Als es ihr schließlich gelang, zu entkommen, tauchte sie in die See und spritzte einige Tropfen gegen die Dünen des Dorfes. Am nächsten Morgen schien das grüne Land um Minsen schneeweiß zu sein, denn es hatten sich Tausende von Seemöwen eingefunden. Darauf erhob sich ein Unwetter, und die Sturmflut durchbrach den Dünenwall. So wurde Alt-Minsen vom Meer überflutet. Es wird auch erzählt, daß sich alle Dorfbewohner in der Kirche befanden, als das

Das gefangene Seeweibchen

Wasser hereinbrach. Der Pastor hatte gerade das Beten mit ‚Amen' beendet. Daher stammt das Sprichwort: ‚Dat geit ut as das Bäen to Minsen.'
Das heutige Minsen wurde an anderer Stelle aufgebaut.

MOLBERGEN (Lkr. Cloppenburg)

Peiterbult

Etwa 2–3 km nördlich von Molbergen liegt das Dorf *Dwergte,* heute Teil dieser Gemeinde. Hier wurde vor wenigen Jahren ein alter Brauch wieder eingeführt: An zwei jeweils festgelegten Tagen im Hochsommer findet der sog. ‚Peiterbult' statt. Es handelt sich um ein Erntedankfest besonderer Art, dessen älteste schriftliche Schilderung aus dem Jahre 1885 stammt. Die Schnitter sollen am Schluß des Mähens auf dem letzten Stück ein Büschel Ähren stehen gelassen haben. Sie banden es an einen Stock oder Strauch, flochten Blumen hinein und riefen laut: „Peiterbult, Peiterbult, he!" Dann wurde gesungen und gegessen, und die Leute sagten: „Wi hebbt den Peiterbult!"
Angeblich liegt ein vorchristlicher Erntebrauch zugrunde, denn es sind Anrufungen des ‚Wode' in diesem Zusammenhang überliefert. Verschiedene Quellen sprechen von einem Kult für den heidnischen Gott Wodan – vermutlich sind diese jedoch erst im 19. Jh. konstruiert worden.
Heute ist dieses Fest zu einer großen Vorführung traditioneller Methoden der Feldarbeit umgewandelt worden. 1974 wurde sogar die Erntearbeit im Wandel der Zeit demonstriert. Auch die anschließende Festveranstaltung erfreute sich einer großen Zahl von Besuchern.

NEUENBURG (Lkr. Friesland)

Schloß und ‚Urwald'

Der sog. Neuenburger Urwald ist nicht zuletzt als Touristenattraktion zu Berühmtheit gelangt. Im 19. Jh. ordnete Großherzog Nikolaus Friedrich Peter von Oldenburg an, daß dieses Gebiet aus der Forstwirtschaft ausgegliedert wird. Seitdem unterliegen hier Wachsen und Vergehen der Vegetation einem natürlichen Ablauf. Der Bereich der Friesischen Wehde, einer Waldmark, war im Mittelalter wegen seiner wirtschaftlichen Bedeutung häufiges Streitobjekt.
Graf Dietrich von Oldenburg stieß 1435/36 nach Norden vor und Graf Gerd, genannt der Mutige, legte im

Jahre 1462 in Neuenburg bei Zetel eine Grenzburg an. So wurde die Verteidigung gegen Friesland gesichert. Graf Johann von Oldenburg erweiterte das Schloß zwischen 1578 und 1596. Hier residierten unter anderem Gräfin Anna, geb. Prinzessin von Anhalt, und Graf Anton Günthers Witwe Sophia Katharina, geb. Prinzessin von Schleswig-Holstein-Sonderburg. Von 1700 bis 1858 beherbergte das Gebäude ein Landgericht, später eine Schule und seit 1965 das Dorfgemeinschaftshaus. Von dem großzügigen Anwesen ist nur ein schlichter zweigeschossiger Dreiflügelbau aus Backstein übriggeblieben. Er liegt am Ende einer Allee, die vom Südteil des Marktes ausgeht. Gleich daneben in der historischen Rauchkate werden Handwerk und Alltag in alter Zeit demonstriert.
Vor der Errichtung des Schlosses tat Graf Gerd von Oldenburg einen Ausspruch, der in die geschichtliche Überlieferung einging. Es war sein häufig verwendeter Fluch: ‚Dat de Fresen de Bammel (= Keule) slah!‘ Bevor er 1465 den Grundstein zum Schloßturm legte, warf er seinen Handschuh in die Baugrube und sprach diese Verwünschung aus. Friesen und Oldenburger befanden sich in ständigem Zwist miteinander, und immer behaupteten die Friesen, Graf Gerd baue auf ihrem Boden. Diesmal aber wollte er sicher sein und warf zum Zeichen rechtmäßigen Besitzes seinen Handschuh auf den Baugrund. Somit wurde der erste Stein auf das Seinige gelegt.
Der sog. Urwald in Zetel-Neuenburg ist ein 28 Hektar großer naturbelassener Wald mit reichem Pflanzen- und Tierbestand. Im 19. Jh. ließ man hier das Vieh weiden. Heute gelangt der Fußgänger in wenigen Minuten in das durch Wanderwege gut erschlossene Erholungsgebiet.
Die Entstehung des eindrucksvollen Waldes wird in der Volkssage folgendermaßen erklärt: Dort wo heute knorrige Eichen und schlanke Buchen stehen, gab es in alter Zeit fruchtbares Ackerland. Zwei fromme Jungfern nannten es ihr eigen und verpachteten es an die Grafen von Oldenburg. Nach Ablauf des Pachtvertrages baten die Grafen, diesen zu verlängern. Die alten Damen bewilligten aber lediglich noch eine Einsaat und eine Ernte. Daraufhin säten die Oldenburger Eicheln und Bucheckern auf die riesige Ackerfläche. Die getäuschten Frauen starben vor Gram und spuken seitdem im Wald unter der sog. Striekenriedenbrücke. Einmal wollte der Neuenburger Förster zur Mitternachtsstunde die Geister herausfordern. Er rief: ‚Heraus, ihr Jungfern, euer Waldgott ist hier!‘ Darauf er-

Jungfernbrücke im Neuenburger Wald

schienen zwei weiße Gestalten unter der Brücke. Sie traten auf den Förster zu und drehten ihm den Kopf in den Nacken. Zu Hause brachte man seinen Kopf wieder in die richtige Lage, so daß er mit dem Schrecken davonkam.

Eine andere Überlieferung spricht von einem Teufelspakt. Ein Graf von Schloß Neuenburg wollte einst auf der Jagd ein Reh schießen, das sich aber in eine schöne Frau verwandelte. Diese war ganz in Weiß gekleidet und so liebreizend anzusehen, daß der Edelmann sie zur Gemahlin begehrte. Sie verschwand jedoch auf rätselhafte Weise. Da der Graf über diesen Verlust sehr verzweifelt war, stellte sich der Teufel ein und bot seinen Dienst an. Er wolle ihm die schöne Fremde sogleich zur Gemahlin geben, doch fordere er dafür, die Seele des Grafen nach drei Jahren zu erhalten. Nachdem dieser eingewilligt hatte, durchlebte er drei glückliche Jahre mit seiner jungen Frau. Dann aber meldete sich der Böse, um sein Opfer zu holen. Der Graf bat ihn, noch eine Saat und eine Ernte erleben zu dürfen. Als Gegenleistung verlangte der Teufel auch die Seele der Gräfin. Der Regent ließ alles Ackerland umpflügen und Eicheln darauf säen. Als der Schwarze nach einem Jahr beide Seelen holen wollte, sah er sich geprellt. Die Saat war noch lange nicht reif zur Ernte, sondern gerade erst aufgekeimt. Mit fürchterlichem Schwefelgestank flog der Betrogene von dannen. Graf und Gräfin führten ein ungestörtes Leben, doch mußten sie nach ihrem Tode umgehen. Er reitet in stürmischen Nächten als wilder Jäger durch den Wald; sie geht als weiße Frau im Neuenburger Schloß um. Manch einer will die Schloßherrin im Vollmondschein unter der Striekenriedenbrücke im ‚Urwald' gesehen haben.

NEUENHAUS (Lkr. Grafschaft Bentheim)

Ruine Dinkelrode

Die Ortschaft Neuenhaus, am Flüßchen Dinkel gelegen, entwickelte sich im Schutze der Burg Dinkelrode. Diese wurde um 1317 von Graf Johann II. von Bentheim aufgeführt, um die Niedergrafschaft gegen das Bistum Utrecht zu schützen. 1369 wurden die Stadtrechte und 1370 das Pfund- und Stapelrecht für die Dinkel- und Vechtebrücken verliehen. Nachdem die Kaiserlichen im Jahre 1635 die Burg zerstört hatten, wurde sie als Herrenhaus wiedererbaut. Heute ist nur noch die Ruine im Ortsteil *Lage* zu sehen. Neuenhaus und seine Umgebung kann vom Besucher auf 13 verschiedenen Wander- und Radwegen erschlossen werden, die alle an der Marktstraße beginnen.

‚Söwenjüffertieskolk'

An der sog. Dinkelumflut zwischen Neuenhaus und Lage liegt links von der Lager Straße das ‚Söwenjüffertieskolk'. Dieser See ist hauptsächlich durch ein Gedicht von *Ludwig Sager* bekannt geworden. Sieben Jungfrauen sollen einst zur Winterzeit dort ertrunken sein.

Die Jungfrauen lockte der glitzernde Schnee,
Sie haschen und fangen, und blank ist der See.

Da rötet die Weite der Sieben Gesicht,
Es löst sich die Enge in Sonne und Licht.

Es fliegen die Sieben wie Flammen daher,
Sie lachen des Spuks und der Voreltern Mär.

Vom Weiher, vom Busche, wo Böses geschah:
„Herüber, hinüber! Der Zauber ist da!

Uns Sieben, uns Schönsten im Grafschafter Land,
Ist vieler Art lieblicher Zauber bekannt!"

Wo Weidengestrüpp reckt verdorrtes Geäst,
Wo Geister sich holen die Bräute zum Fest:

Da kracht es und donnert's, das Lachen reißt ab:
Sie schauen durch Risse und Spalten ihr Grab.

Das schimmernd Gefilde hört gellendes Schrein,
Sie müssen den Tod nun, den eisigen frein.

Und wer heut des Weges dort mitternachts zieht,
Der hört noch vom Teiche die Sieben und flieht. –

Reitgaar

Man erreicht das sog. Tiefe Reitgaar – einen Teich – entweder über einen Wanderweg von Neuenhaus aus oder über die B 403 in Richtung Nordhorn. Im Ortsteil Grasdorf biegt man rechts in die Reitgaarstraße ein (Gewerbegebiet) und wählt nach ca. 600 m einen Weg, der rechts zum Reitgaar führt.

Der kleine See ist durch einen Erdfall entstanden. Deshalb erzählt die Sage von einer Burg, die an dieser Stelle untergegangen sein soll. Der einstige Burgherr, ein Raubritter, ließ seine Gefangenen im Burgturm verhungern und verdursten. Seine Tochter aber, die ein gutes Herz hatte, flehte ihren Vater oftmals an, die gequälten Menschen doch freizulassen. Als sie erkannte, daß ihre Bemühungen vergeblich waren, bat sie Gott um ein Ende des grausamen Treibens. So sank die Raubburg in der Osternacht mit allen Bewohnern in die Tiefe, und es bildete sich ein See an dieser Stelle. Wer sich heutzutage am Himmelfahrtsmorgen vor Sonnenaufgang ans Reitgaar begibt, hört die Gloken der Burg dumpf heraufklingen.

NORDEN (Lkr. Aurich)

Ev. Ludgeri-Kirche

Norden ist wahrscheinlich seit dem 9. Jh. Kirchort, wird aber erst 1255 urkundlich erwähnt. Im 13. Jh. bestanden hier bereits das Nonnenkloster Mariental und ein Dominikanerkloster. Nach schweren Meereseinbrüchen im 14. Jh. wurde Norden zu einer bedeutenden See- und Hafenstadt. Infolge von Landgewinnung und Eindeichung ist es aber heute wieder von der Küste abgeschnitten.

Von den ursprünglich vorhandenen drei Häuptlingsburgen ist keine erhalten. Die aus dem 13. Jh. stammende Ludgeri-Kirche stellt mit einer Gesamtlänge von ca. 80 m den größten Sakralbau Ostfrieslands dar. Besonders eindrucksvoll ist ihr basilikaler Chor.

Die christliche Überlieferung erzählt, daß der Gründer der Nordener Kirche – Liudger – ein eifriger Verkünder der christlichen Lehre in Friesland war. Er gründete zahlreiche Kirchen und tat viele Wunder. Karl d. Gr. machte den angesehenen Geistlichen zum Bischof von Münster. Seine Mutter hatte ihr Leben unter mißlichen Umständen beginnen müssen. Kaum geboren, wollte ihre Großmutter väterlicherseits sie umbringen lassen. Die Familie hatte lange auf männlichen Nachwuchs gewartet, und so sollte das unerwünschte weibliche Kind nach heidnischer Sitte getötet werden. Eine Frau entführte jedoch den Säugling aus Mitleid und flößte ihm eilig Honig ein; mit der ersten Nahrungsaufnahme hatte es das Recht auf Leben erhalten. Die Frau zog das Mädchen auf und

Chor der Ludgerikirche zu Norden. Kupferstich von Peschek, 1842; Zeichnung von G. A. von Halem

Die ehemaligen Türme der Andreaskirche und die Ludgerikirche zu Norden

gab es seiner leiblichen Mutter erst zurück, als deren Schwiegermutter gestorben war.

NORDWOHLDE (Bassum, Lkr. Diepholz)

Ev. Pfarrkirche

Der kleine Ort Nordwohlde in der Gemeinde Bassum weist als Sehenswürdigkeit eine spätromanische Kirche aus Feldsteinmauerwerk auf. Anfang des 16. Jh. wurde nach Osten ein Anbau aus Backstein errichtet, und Mitte des 19. Jh. erneuerte man den Westturm. Das Gotteshaus ist eines der ältesten innerhalb der Grafschaft Hoya.

Der Volksglauben beschäftigt sich mit den sog. *Kratzsteinen.* Zwischen den Feldsteinen befinden sich am Gebäude vereinzelt auch Sandsteine, die aufgrund ihrer weicheren Beschaffenheit eingegrabene Rillen aufweisen. Ihre mögliche Ursache ist in der Wissenschaft umstritten, da kaum alte schriftliche Zeugnisse darüber Auskunft geben. ‚Wetzrillen‘ oder ‚Näpfchen‘ sind an alten Kirchen häufig zu entdecken. Sie könnten auf heidnische Kultbräuche zurückzuführen sein, die später auf die christliche Kirche übertragen wurden. Der Bau von Gotteshäusern geschah während der Christianisierung bevorzugt an heidnischen Kultstätten, um die Missionierung zu erleichtern. In vorchristlicher Zeit stellten die Gräber der Ahnen einen heiligen Bereich dar. Befanden sich dort Steine, wie etwa die Großsteingräber aus der Jungsteinzeit, so wurde von diesen Steinpulver abgeschabt, so daß allmählich Näpfchen entstanden. Wahrscheinlich han-

delte es sich um einen Heilzauber, durch den man ein Stück des Kultobjektes gewinnen wollte. Aus christlicher Zeit ist bekannt, daß der von Kirchen abgeschabte Staub gegen Krankheiten eingenommen wurde. So mag sich der Aberglauben des Volkes aus heidnischen Tagen bis weit in die christliche Zeit erhalten haben.
Heutzutage sagt der Volksmund, man habe dort Sicheln oder Sensen geschärft oder auch Waffen, um diese auf dem Rückweg von der Kirche zur Verteidigung gegen Wölfe zu benutzen.
In der Nordwohlder Kirchenchronik heißt es, daß die Bauern ihre Speere an der Kirche geschliffen haben. Da der grobe Stein jedoch ungeeignet ist, eine Klinge zu schärfen, mögen dies symbolische Handlungen gewesen sein.
→ Bippen, → Blexen.

Oldenburg

Schloß
Heute beherbergt das großherzogliche Schloß das Landesmuseum für Kunst- und Kulturgeschichte sowie im ‚Theaterflügel' das ‚Kleine Haus' des Oldenburgischen Staatstheaters.
Vom Ursprung der herrschaftlichen Anlage ist uns mehr Sage als Geschichte überliefert. Herzog Walbert, der Enkel Widukinds, soll im 9. Jh. für seine Gemahlin Altburgis die nach ihr benannte ‚*Altburg*' erbaut haben. Archäologische Funde belegen zwar eine alte Volksburg, die ungefähr in dieser Zeit bestanden hat, doch wird diese Anlage urkundlich erst im Jahre 1108 erwähnt. Die bereits für das 12. Jh. nachweisbare Wasserburg, die sog. *Aldenburg,* wird ab 1603 unter Graf Anton Günther zum Renaissance-Schloß umgebaut. Baumeister sind der Mecklenburger Jürgen Reinhardt sowie der Lombarde Andrea Speza. Letzterer war für die Innenausstattung zuständig, reiste jedoch ab, bevor er sein Werk vollendet hatte.
Die Sage erwähnt nur den italienischen Architekten, mit dem man sich angeblich schlecht verständigen konnte und der den moorigen Untergrund nicht bewältigt haben soll. Nach mehreren Fehlschlägen soll er spurlos verschwunden sein. Weiter weiß die Volksüberlieferung, daß die Maurer sich nun entschlossen hätten, etwas Lebendiges einzumauern, um den Grundfesten Halt zu verschaffen. Ein auf dem Schloßhof spielendes Kind wurde ergriffen und eingemauert. Das Gebäude stand seitdem sicher. In ihrer Ver-

Das Schloß zu Oldenburg, um 1850. Stich von A. H. Payne nach einer Zeichnung von I. H. Sander

zweiflung sprach die Mutter des Kindes einen Fluch über das Schloß aus: Bis zur fünften Generation solle kein Kind, das auf dem Schloß geboren werde, unter Obhut seiner Mutter aufwachsen. Der Fluch solle aufgehoben sein, wenn die Landesfürstin von ihrem Bräutigam mit einem Gespann von sechs Schimmeln und einem Vorreiter auf einem Schimmel eingeholt werde.

Als Graf Anton Günther seine Braut, Herzogin Sophie von Schleswig-Holstein, einholte, wollte er selbst Vorreiter sein. So fehlte ein Schimmel im Brautzug, und die Ehe mußte kinderlos bleiben. Herzog Peter von Oldenburg verlor seine zwanzigjährige Gemahlin, deren Söhne ihre Mutter kaum kennenlernten. Später verlor einer von ihnen, Erbprinz Paul Friedrich August, nacheinander drei Ehefrauen, welche kleine Kinder hinterließen. Der Sohn aus zweiter Ehe, Erbgroßherzog Nikolaus Peter, führte 1852 seine Braut Elisabeth von Sachsen-Altenburg heim. Trotz der Vorsorgemaßnahmen erkrankten ein Schimmel sowie zwei bereitgehaltene Ersatzpferde, so daß Elisabeth von dunklen Rossen eingeholt werden mußte.

Der alte Fluch scheint vorzeitig seine Kraft verloren zu haben, denn dieser Ehe entstammen zwei Söhne, die unter der Obhut ihrer Mutter aufwuchsen –

Großherzog Friedrich August und Herzog Georg Ludwig.
Nach einer anderen Sagenfassung gilt der Fluch für alle Zeiten und wurde von Fräulein Elisabeth von Ungnad aus Rache gegen Graf Anton Günther ausgesprochen, weil er sie, seine einstige Geliebte, verstoßen und ihr zugleich den Sohn, den späteren Grafen von Aldenburg, genommen hatte.
→ Jever.

Oldenburger Horn
Eine Nachbildung des ‚Oldenburgischen Güldenen Horns' kann man im Landesmuseum für Kunst- und Kulturgeschichte im Schloß besichtigen. Das Original befindet sich in Kopenhagen im Schloß Rosenborg. Anton Günther, der letzte Graf von Oldenburg, hatte testamentarisch verfügt, daß es als Kleinod beim Hause Oldenburg bleiben solle. Nachdem die gräflich-oldenburgische Linie 1667 mit dem Tod Anton Günthers erloschen war, kam das Horn nach Kopenhagen, wo die Königlich-dänische Linie des Hauses Oldenburg noch bis 1863 regierte. Das wertvolle Trinkhorn besteht aus Silber mit einer Goldauflage.
Einer Sage zufolge, die wahrscheinlich literarischen Ursprung hat, ist es im Jahre 990 durch Graf Otto, einen erfolgreichen Jäger, in das Grafenhaus gelangt. Während einer Jagd hatte Graf Otto sein Gefolge verloren und stand plötzlich mit seinem Schimmel allein auf dem Osenberge. Da er durstig war, sprach er: „Ach Gott, wer nur einen kühlen Trunk Wassers hätte." Sogleich tat sich der Hügel auf, und eine schöne Jungfrau kam heraus. Sie überreichte ihm ein gefülltes Jagdhorn mit der Aufforderung, daraus zu trinken. Doch Graf Otto verschmähte trotz weiterer Ermunterung den Trunk, der ihm unappetitlich schien. Er goß ihn hinter sich, wobei ein wenig sein Pferd traf und an der betreffenden Stelle das Fell versengte. Als die Jungfrau das Horn zurückverlangte, galoppierte der Graf eilig davon, und sie verschwand wieder im Berg. Das kostbare Stück wurde von allen folgenden Generationen in Ehren gehalten. Bei großen Empfängen reichte man den Gästen darin einen Trunk, der jedoch von dem Horn immer einen besonderen Beigeschmack erhalten haben soll.
Eine andere Sagenfassung läßt Graf Anton Günther dieses Abenteuer bestehen. Später soll die Spitze des Gefäßes abgebrochen sein, und kein Gold- oder Silberschmied war imstande, diese zu erneuern. Durch

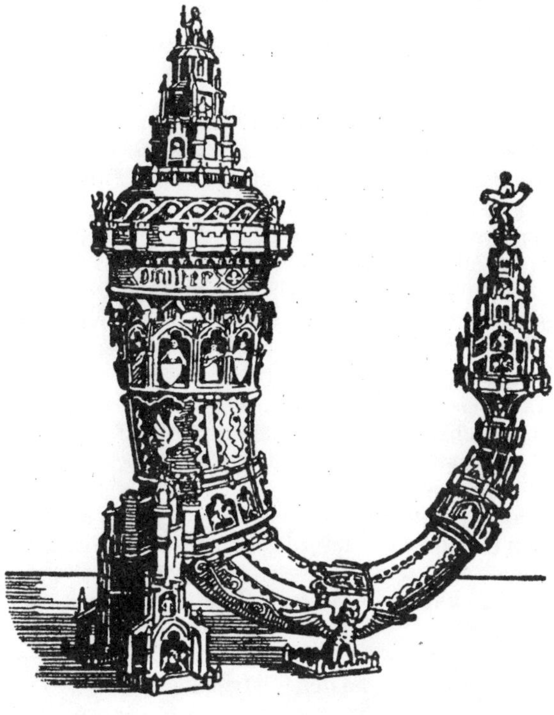

Das Oldenburger Horn des letzten Grafen Anton Günther

die Illustration des zweiten Bandes von *,Des Knaben Wunderhorn'* ist das oldenburgische Prunkstück zu Berühmtheit gelangt.

Wandgemälde am Graf-Anton-Günther-Haus

Innerhalb der Fußgängerzone befindet sich in der Langestr. 76 das Hotel ,Graf Anton Günther', so genannt nach Graf Anton Günther von Oldenburg (1603–1667), von dem ein Geschichtsschreiber sagte: „... dem nur ein Königreich fehlte, um als großer König zu glänzen." Er verstand es, das Land Oldenburg während des Dreißigjährigen Krieges fast ganz von fremden Truppen freizuhalten. Das Hotel wurde 1682 errichtet, jedoch 1894 größtenteils erneuert.

An der zur Kurwickstraße gelegenen Seitenwand des Gebäudes ist ein übermannsgroßes Gemälde angebracht. Es zeigt den Grafen auf seinem berühmten Apfelschimmel ,Kranich', dessen Mähne sieben und dessen Schweif sogar neun Ellen gemessen haben soll. Er ritt ihn, als er seine Braut Prinzessin Sophie

von Holstein einholte. Den Besitz dieses besonderen Pferdes verdankte Anton Günther einer nächtlichen Begebenheit, die sich auf einer Reise in einem holsteinischen Schloß zugetragen haben soll:
Er war dort in eine Werkstatt von Falschmünzern geraten, die ihn töten wollten. Er warnte sie vor diesem Schritt, da man wisse, wo er sich befinde und durch seinen Tod der Ort der Falschmünzerei entdeckt würde. Darauf ließ ihn die Bande mit dem Versprechen frei, daß er sie nicht verrate. Geraume Zeit später – so sagt die Volkserzählung – überbrachte ein Unbekannter dem Grafen als Anerkennung für sein gehaltenes Wort das außergewöhnliche Pferd als Geschenk.
Die bekannte Darstellung des Grafen auf seinem ‚Kranich‘ geht auf einen zeitgenössischen Kupferstich des taubstummen Malers Wolfgang Heimbach aus dem 17. Jh. zurück. Sie weist auf die berühmte Oldenburger Pferdezucht hin, zu welcher Anton Günther den Grund gelegt hat; zeitweise besaß er über 2 000 Pferde, von denen viele aus diplomatischen Gründen ‚zu des Landes Besten‘ an hohe Herren verschenkt wurden.

Gertrudenlinde an der Gertrudenkapelle
Die Gertrudenkapelle stammt aus der zweiten Hälfte des 15. Jh. Der Westturm wurde etwas später errichtet als der einschiffige Backsteinbau selbst. Im Inneren

Graf Anton Günther auf seinem Pferd Kranich. Kupferstich 1793

Gertrudenkapelle mit Gertrudenlinde.
Stahlstich nach einer Zeichnung von T. H. Sander

sind spätgotische Wandmalereien zu sehen, Szenen aus der Gertrudenlegende und vom Jüngsten Gericht. In der nordöstlichen Ecke des Friedhofs steht das Großherzogliche Mausoleum, das von 1786–90 unter Herzog Peter erbaut wurde. Vor der Ostwand des Mausoleums befinden sich die Kenotaphe des letzten Oldenburger Grafen Anton Günther und des ersten Herzogs Friedrich August.

Eine Volkserzählung knüpft an die auf dem Kirchhof stehende alte Linde an: Eine reiche Kaufmannsfamilie nahm einst ein Waisenmädchen namens Gerlinde auf. Durch ihre Tugendhaftigkeit gewann sie bald die Herzen ihrer Pflegeeltern. Allmählich warf der müßiggehende Kaufmannssohn – Oltmann war sein Name – ein Auge auf sie. Eines Morgens nach durchzechter Nacht versuchte er, ihr Gewalt anzutun. Doch sie drohte, laut zu schreien, und so mußte er von ihr ablassen. Aus Rache stahl er seiner Mutter einige Silberlöffel, um sie in Gerlindes Schrank zu verstecken. Schließlich wurden diese dort entdeckt und das Mädchen dem Gericht übergeben, wo man ihren Unschuldsbeteuerungen keinen Glauben schenkte. Zum Tode verurteilt, steckte sie auf dem Weg zur Richtstätte einen dürren Zweig in die Erde. Sie betete, er möge Wurzel schlagen und zu einem Lindenbaum heranwachsen, so gewiß wie sie unschuldig sei. Sieben

Tage nach ihrem Tod begann das Lindenreis zu grünen und wurde schnell zu einem sieben Ellen hohen Baum. Nach sieben Jahren war die Linde um weitere sieben Ellen größer. In den folgenden sieben Jahren wuchs eine zweite Baumkrone heran.
So erfüllten sich die Worte des Mädchens Gerlinde zum Zeichen ihrer Unschuld. Oltmann jedoch zeigte erst auf dem Sterbebett Reue. Er ließ einen Stein am Eingang des Getrudenfriedhofs einmauern, dessen Inschrift lautet:

„O ewich is so lanck."

Altenheim Bodenburg
In der Bodenburgallee 51, wo heute ein Altenheim zu finden ist, soll vor langer Zeit das Gut einer Adelsfamilie gestanden haben. Der letzte Junker von der Bodenburg hatte, als er alt geworden war, nur noch seine Schwester als Angehörige und Erbin. Weiter weiß die Sage, daß diese Frau sich in Schulden stürzte und ihre Gläubiger mit Fingerzeig auf den reichen Bruder vertröstete: Er sei inzwischen so alt, daß sie das Erbe bald antreten werde. Als dies dem Junker zu Ohren kam, vermachte er sein gesamtes Vermögen den Armen. Mit dem Bau des Altenheimes ist sein letzter Wunsch in Erfüllung gegangen.

Kloster Blankenburg
Die historischen Gebäude liegen im östlich gelegenen Stadtteil Klostermark in der Hunteniederung. Gegründet wurde das ehemalige Dominikanerkloster im Jahre 1294, seine Kirche 1334 erbaut. Der ersten Ordensgemeinschaft des Hl. Dominikus – in Toulouse gegründet – gehörte eine Ordensschwester namens Blanka an. Wahrscheinlich zur Erinnerung an diese wurde die Bezeichnung Blankenburg gewählt. Viele Töchter nahmhafter Adelsfamilien entsagten hier dem weltlichen Leben. Während der Reformationszeit wandelte Graf Anton I. 1529 die Anlage zum gräflichen Malz- und Brauhaus um. Im Jahre 1632 ließ Graf Anton Günther ein Armen- und Waisenhaus darin einrichten, und nach 1786 war hier eine Bewahranstalt für unheilbar Geisteskranke untergebracht. Seit 1957 unterhält die Städtische Nervenklinik Bremen eine Pflegeabteilung in den Gebäuden des ehemaligen Klosters. Über den Anlaß der Klostergründung gibt eine Sage Auskunft:
Einst erwarb ein reicher Edelmann Landbesitz beim Hasbruch in der Grafschaft Oldenburg. Seine Meier

arbeiteten gerne für ihn, denn er war ein gerechter Herr. Nach der Ernte pflegte der Junker sie zum Hasenbraten einzuladen. Doch eines Tages paßte ihm diese Bewirtung nicht mehr, und er setzte den Bauern eine gebratene Katze vor, um ihnen den Geschmack zu verderben. Nach der Mahlzeit ließ er Kopf und Pfoten auf den Tisch legen. Aus Rache setzten ihm seine Untergebenen Haus und Hof in Flammen, und er mußte fliehen. Durch Vermittlung des Erzbischofs von Bremen versuchte der Junker, mit seinen Leuten wieder Frieden zu schließen. Er kam aber nicht um den Tribut herum, ein Nonnenkloster zu bauen. Die Anlage soll den Namen Blankenburg erhalten haben, weil in den Klostergründen oft das blanke Wasser stehe.

Das Zwergenvolk im Osenberge. Holzstich nach einer Zeichnung von A. Ehrhardt in L. Bechsteins Sagenbuch, 1853

Bümmersteder Krug

Zu finden ist der Bümmersteder Krug an der Sandkruger Str. 180. Jahrhundertelang war er im Besitz ein- und derselben Familie, die das Bier selbst braute. Im Jahre 1653 stieg der hessische Geschichtsschreiber Johann Joachim Winckelmann über Nacht dort ab. Im Gespräch mit dem hundert Jahre alten Kröger erfuhr er, daß einst auch die Zwerge aus dem benachbarten Osenberge unter den Gästen gewesen seien. Das frisch gezapfte Bier hätten sie aus mitgebrachten Krügen getrunken und mit Silbermünzen dafür gezahlt. Einmal habe ein Zwerg seinen Krug in der Schankstube vergessen und nicht wiedergeholt. Dieser sei immer von einem Geschlecht auf das nächste vererbt worden und habe dem Wirtshaus Wohlstand gebracht. Erst seitdem der Krug zu Bruch gegangen sei, stecke die Gaststätte in finanziellen Schwierigkeiten. Heute ist der Bümmersteder Krug wieder ein gut besuchtes Lokal.

Wildenloh

Der ‚Wildenloh', ein Waldgebiet westlich von Oldenburg, ist in Richtung Edewecht zu erreichen. Etwa 6 km von Oldenburg aus liegt er rechter Hand. Für sein Entstehen, so heißt es, sei der Teufel verantwortlich. Als in Oldenburg eine Kirche gebaut wurde, habe er diese vernichten wollen. Mit einem zwischen Elmendorf und Bad Zwischenahn ausgerissenen Wald flog er nachts auf Oldenburg zu. Beim ersten Sonnenstrahl und dem Krähen eines schwarzen Hahnes aber stürzte die Last ins Moor, so daß der Wildenloh entstand. Dort, wo der Böse den Wald ausgerissen hatte, bildete sich das Zwischenahner Meer.

→ Bad Zwischenahn

Karl der Große

Osnabrück

Die Großstadt liegt an einem Schnittpunkt wichtiger Fernstraßen, die hier über die Hase führen. Der Überlieferung zufolge soll bei Osnabrück im Jahre 783 eine dreitägige Schlacht zwischen Franken und Sachsen stattgefunden haben. Karl d. Gr. soll in dieser letzten kriegerischen Begegnung gegen Herzog Widukind die Sachsen geschlagen haben. Die Siedlung, die wahrscheinlich schon in vorchristlicher Zeit ein kulturelles Zentrum darstellte, wurde von Karl zum Bischofssitz erhoben. Sie bildete den Ausgangspunkt für die Christianisierung des Sachsenlandes.

Anhand des Grundrisses läßt sich die Entwicklung der Stadt vom Kern zu den Randgebieten hin nachweisen. Innerhalb einer Befestigung lag die sog. Binnenburg mit Domburg, Marktsiedlung und Haselaischaft. Der Dom, seit dem Jahre 785 bereits als Holzkirche vorhanden, spielte seit dem 9. Jh. politisch und kulturell eine wichtige Rolle. Als ersten Bischof setzte Karl d. Gr. um 772 den Friesen Wiho ein, der die Kirche dem hl. Petrus weihte. Die hl. Märtyrer Crispin und Crispinian sind seit 785/86 Nebenpatrone. Ihre Reliquien gelangten von Soissons zur Weihe nach Osnabrück und werden noch heute im Dom verehrt. Bei der im Jahre 1543 eingeführten Reformation blieb das Domkapitel katholisch, während die bischöflichen Landesherren im 16. Jh. gelegentlich zu Kompromissen neigten. Mehrere Brandkatastrophen mit nachfolgender Restaurierung, zahlreiche Umbauten und Erweiterungen lassen die Kathedrale in ihrer heutigen mächtigen Form erscheinen. Das Gesamtwerk vereinigt verschiedene Stilepochen.

Das sogenannte Löwenpudel-Denkmal auf dem Domhof zu Osnabrück

Der einstige Siedlungsname ‚*Ossenbrugge*' entwikelte sich langsam zu ‚Osnabrück'. Die Namenswahl für die Stadt wird in der Volkssage auf schwankhafte Weise beschrieben: Nachdem Karl d. Gr. Osnabrück gegründet und befestigt hatte, ließ er über den Fluß Hase eine Brücke schlagen. Man entschloß sich, das Bauwerk nach dem ersten Lebewesen zu benennen, das hinübergehen würde. Da kam ein wütender Ochse heran und überquerte den Fluß. Daher der Name ‚Ochsenbrügge', der sich später zu ‚Ossenbrügge' wandelte und auch die Stadt bezeichnete. Heute heißt jene erste Brücke ‚Hasetorbrücke'.

Löwenpudel
Auf dem Domhof vor dem Hauptportal befindet sich das steinerne Löwenpudeldenkmal. Aller Wahrscheinlichkeit nach handelt es sich bei diesem Standbild um das Zeichen der Gerichtsbarkeit. Es wurde der Stadt von Herzog Heinrich dem Löwen verliehen. Den volkstümlichen Namen verdankt das Denkmal seiner Form, die den Löwen in Gestalt und Mähne einem Pudel ähnlich sehen läßt.
Die Sage erzählt, daß Karl d. Gr. nach einem erneuten Rückfall der Sachsen ins Heidentum zornig nach Osnabrück kam. Er schwor, das erste Lebewesen, das ihm begegnen würde, zu töten. Das war jedoch seine Schwester, die – mit einem christlichen Sachsen verheiratet – ihm entgegeneilte, um Gnade zu erflehen. Ihr Hund, ein Pudel, erreichte den Kaiser aber schneller, so daß Karl seinen Schwur an ihm erfüllen konnte. Er dankte Gott und verzieh den Sachsen. Zur Erinnerung an diese Begebenheit ließen die Bürger Osnabrücks das Löwenpudeldenkmal errichten.

Steckenpferdreiten
Der Marktplatz wird gesäumt von der evangelischen Marienkirche, die bereits um 900 Marktkirche war, vom Rathaus und von Bürgerhäusern. Das Rathaus mit niedrigem Erdgeschoß und zwei Hauptgeschossen, entstand zwischen 1487 und 1512. In der Mitte führt eine neugotische Freitreppe zum spitzbogigen Portal. Darüber befindet sich die Steinfigur Karls d. Gr. unter einem Baldachin. Zu beiden Seiten stehen insgesamt acht weitere Figuren, die die deutschen Kaiser darstellen. Im Friedenssaal des Rathauses wurde der Westfälische Friede geschlossen, der den Dreißigjährigen Krieg (1618–1648) beendete. Aus Wien war der Feldherr Piccolomini gekommen, um im Namen des Kaisers Ferdinand III. den Glaubenskrieg zu

beenden. Der Überlieferung nach sollen die Knaben der Stadt den Herzog und seine Gesandten mit Fanfarenklängen, bunten Fähnchen und auf Steckenpferdchen reitend begrüßt haben. Zur Erinnerung an diese Begebenheit ließ der Kaiser viereckige Pfennige schlagen, die auf der einen Seite einen Steckenpferdreiter abbildeten, darunter die Inschrift ‚Friedens-Gedächtnis, Nürnberg 1650'. Auf der anderen Seite stand in lateinischer Sprache: ‚Es lebe Ferdinandus III., der römische Kaiser!'
Seit 1953 organisiert das städtische Kulturamt alljährlich am 25. Oktober das Steckenpferdreiten. Sofern der Termin nicht in den Schulferien liegt, kommen die Kinder zusammen, um an die Verkündigung des Westfälischen Friedens zu erinnern. Eine große Menschenmenge versammelt sich auf dem Marktplatz vor dem Rathaus, die Mädchen mit Laternen, die Jungen mit Steckenpferd und Papphelm.

Bocksturm
Von der einstigen Stadtmauer blieben mehrere Türme erhalten. Einer der ältesten ist der Bocks- oder Buckssturm, der an der sog. Bocksmauer zu finden ist. Schießscharten an der Außenseite zeugen noch heute von der ehemaligen Verteidigungsaufgabe. Lange Zeit wurde er auch als Gefängnis genutzt. Heute kann noch der große Eichenkasten besichtigt werden, ebenso der ‚Stock' und andere Folterwerkzeuge. Der steinerne Bockskopf, der den Turm gekrönt haben soll, ist nicht mehr vorhanden. An der Straßenseite erinnert ein Denkmal an die Gefallenen des I. Weltkrieges. Im sog. *‚Johanniskasten'* hielt man von 1302–1305 den Grafen Simon von der Lippe gefangen und von 1441–1447 den Grafen Johann von Hoya. Letzterer war einer der bedeutendsten Gefangenen des Bucksturms. Ihm verdankt der Eichenkasten seinen volkstümlichen Namen. Johann von Hoya, genannt der ‚wilde Jan' oder ‚der Streitbare', war ein gefürchteter Raubritter. In einem Wiegenlied der damaligen Zeit sangen die Mütter:

„Draußen geht der wilde Jan,
der will die kleinen Kinder han."

Im Jahre 1447 erhielt Graf Johann von Hoya auf Geheiß des Kaisers die Freiheit zurück.

Karlsteine und das Kreuz im Hone
Das jungsteinzeitliche Großsteingrab bei Haste, das eine zersprungene Deckplatte aufweist, wird in der

Das Kreuz im Hone

Volksüberlieferung als heidnischer Altar angesehen. Es liegt im Hone am Osthang der Senke zwischen Haster Berg und Piesberg. Man befährt die Hansastraße stadtauswärts in Richtung Haste. Von der Bramscher Straße biegt man rechts in die Oldenburger Landstraße ab (an der Getränkefabrik). Nach ca. 500 m befinden sich rechts die Karlsteine. Links, etwas tiefer gelegen, erreicht man mit Hilfe von Hinweisschildern das Kreuz im Hone.

Im Gegensatz zu allen anderen erhaltenen Gräbern dieser Art wurden hier als Baumaterial nicht Findlingssteine, sondern Piesberger Kohlesandstein verwendet, den man entsprechend behauen mußte.

Um diese Steine ranken sich mehrere Erzählungen. Karl d. Gr. soll versucht haben, den Opferstein zu zerstören, bevor er die entscheidende Schlacht gegen den Sachsenherzog Widukind begann. Die Steinblöke widerstanden zunächst dem Eisen und Feuer. Sieben Brüder aus dem Frankenheer Karls errichteten daraufhin gegenüber dem heidnischen Opferplatz

den ersten christlichen Altar in diesem Land und flehten Gott um ein Zeichen an.
Karl schlug mit seiner Reitgerte aus Pappelholz auf die Opfersteine und sprach: ‚Gleich unmöglich ist es, diesen Stein und die harten Nacken der Sachsen zu brechen.' Unverhofft barst die mächtige Platte und wies so symbolisch auf den folgenden Sieg Karls über Wittekind und das Heidentum.
Eine andere Sage erklärt die Zerstörung mit einem friedlichen Bekehrungsversuch des Frankenherrschers gegenüber Widukind, der ein Zeichen der angeblichen Macht des Christengottes verlangte. Auf seinen Wunsch hin zersprengte Karl mit einem Streich seiner Pappelgerte den heidnischen Opferstein. Daraufhin ließ der Sachsenherzog sich taufen. (→ Ankum, → Bischofsbrück, → Gr. Berßen, → Visbek).
An dem von den sieben Brüdern errichteten Altar wurde auch das erste Meßopfer im Osnabrücker Land dargebracht. Zur Erinnerung daran stellte man Mitte des 19. Jh. ein neuromanisches Steinkreuz auf, dessen lateinische Inschrift von diesem Ereignis kündet. Man umpflanzte die Stätte zum Andenken an die sieben Brüder mit sieben Buchen. Da sich die Anzahl später auf zehn erhöhte, nannte man den Ort auch *‚to'n teggen Böken'*. Heute ist das *‚Kreuz im Hone'* nur von acht Buchen umstanden.

Sundermannsteine
Man gelangt zu diesem Großsteingrab vom Berliner Platz über die Buersche Straße und die Belmer Straße. Nach der Kreuzung Burg Gretesch biegt man links in die zweite Straße ein. Die Abbildung der Karlsteine und die der Steine in Gretesch schmückt im Jahre 1726 das Titelblatt des Gymnasialprogrammes des Osnabrücker Ratsgymnasiums. Der damalige Rektor, Zacharias Goeze, nennt sie in seiner Abhandlung Grabstätten von Hünen und von Priestern des sagenhaften Götzen Krodo.
Weitere Megalithgräber in Osnabrück sind die sog. Teufelssteine am Heideweg im Stadtteil Lüstringen und die in deren Nähe befindlichen Hermannsteine. Sie stehen jenseits von Bahn und Hauptstraße im Winkel zwischen der Hauptstraße und dem nach Gretesch-Belm abzweigenden Weg.

Pernickelturm
Der Pernickelturm, ein kleiner viereckiger Wehrturm mit spitzgezogenem Dach, war ursprünglich Bestand-

teil der Stadtbefestigung. Seine Bezeichnung geht auf den Flurnamen ‚parnekel‘ oder ‚pernekel‘ zurück, der vielleicht fränkischen Ursprungs ist. Ab 1341 erwähnen einige Urkunden dieses Flurstück. Das Gebäude steht am Erich-Maria-Remarque-Ring am Ostufer der Hase. Das Hasetor war einst durch zwei Bastionen seitlich abgesichert, und zwar durch eine westliche mit dem Barenturm sowie durch die Hasebastion im Osten mit dem Pernickelturm.
Im Jahre 1853 wurde letztgenannte Befestigung beim Bau der Eisenbahn nach Rheine abgebrochen. Der Turm dagegen wurde stets vermietet und erhielt verschiedene Anbauten. Bei der kürzlich erfolgten Renovierung entfernte man diese störenden Ergänzungen. Der historische Turm ist für Maler und Fotografen ein bekanntes und beliebtes Motiv.
Der Volksmund behauptet irrtümlich, das ‚Pumpernikel‘ genannte Schwarzbrot habe seinen Namen von dem Turm erhalten.
Nach einer anderen historisch nicht haltbaren Überlieferung sollen die Domherren dort während einer Hungersnot kleine Brote, ‚panicula‘, verteilt haben.

OSTEEL (Lkr. Aurich)

Die Ortschaft Osteel gehört zur Samtgemeinde Brookmerland. Die Bewohner siedelten sich im Spätherbst des Jahres 1167 hier an, nachdem eine große Sturmflut sie aus dem westlichen Krummhörn landeinwärts getrieben hatte. Im höher gelegenen, aber versumpften Bruchland *(‚Brokmerland‘)* gründeten sie Höfe und Dörfer, indem sie den Boden urbar machten. Sichtbare Zeugen sind heute die Dörfer Osteel, → Marienhafe und Engerhafe.
Aus dem Ende des 13. Jh. ist der ‚Brokmerbrief‘ überliefert, die Rechtssatzung der ‚Brokmannen‘, welche bereits genossenschaftliche Züge aufweist. Der sich entwickelnde Wohlstand zeigte sich auch im Kirchenbau.

Kirche, ehemals St. Werenfridus
Das heute ev. Gotteshaus wurde Ende des 13. Jh. als kreuzförmiger Gewölbebau aus Backstein errichtet. Den wuchtigen Westturm verkleinerte man im 19. Jh. Innerhalb des Gebäudes befindet sich der Grabstein des Pastors David Fabricius, der im Jahre 1617 ermordet wurde.

Der Teufel will Bau eines Gotteshauses verhindern

David-Fabricius-Denkmal

Der 1564 in Esens geborene Sohn eines Schmiedemeisters kam 1603 als Pfarrer nach Osteel. Abgesehen von seinen seelsorgerischen Pflichten widmete er sich der Astronomie. Er entdeckte den Stern ‚mira ceti' im Sternbild ‚Walfisch' sowie gemeinsam mit seinem Sohn die Sonnenflecken, was beiden weltweiten Ruhm eintrug. Mit den Zeitgenossen Kepler und Tycho Brahe standen sie in freundschaftlichem Briefwechsel. Fabricius hat sich auch als Kartograph und Wetterkundler einen Namen gemacht. Seine Neigung galt ebenso der Astrologie, mit deren Hilfe er seinen Todestag – den 7. Mai 1617 – ermittelte. Er war tagsüber zu Hause geblieben, um sich der vermeintlich drohenden Gefahr nicht auszusetzen. Im Schutz der Dunkelheit jedoch wagte er einen Ausgang, auf dem er dem Torfarbeiter Frerik Hoyer begegnete. Dieser, am Tag zuvor durch Fabricius von der Kanzel herab des Diebstahls bezichtigt, verwickelte den Pastor in einen heftigen Wortwechsel und erschlug ihn schließlich mit dem Torfspaten.

Seit 1895 steht das Fabricius-Denkmal für den Ermordeten und seinen Sohn auf dem Friedhof. Es stellt die Urania mit einem Fernrohr und der Sonnentafel dar, auf welcher die entdeckten Sonnenflecken markiert sind.

Findlingssteine

Eine ganz anders geartete Überlieferung knüpft an einige Findlingssteine, die neben der Pforte an der Westseite des Friedhofs liegen. Die fantasievolle Sage erzählt vom Teufel, der, um den Bau des Gotteshauses zu verhindern, große Steine in Richtung der St.-Werenfridus-Kirche schleudert. Diese stürzen aber schon am Rande des Osteeler Friedhofs nieder und sind dort noch heute zu sehen.

PETERSHAGEN (Lkr. Minden-Lübbecke)

Schloß

Seit der kommunalen Neugliederung im Jahre 1973 besteht die Stadt Petershagen aus einem Zusammenschluß von 29 Gemeinden. Auf diesem Gebiet läßt sich eine frühe Besiedlung nachweisen. Bereits in der Altsteinzeit und auch in der Bronze- und Eisenzeit haben hier Menschen gelebt. Im Stadtteil *Seelenfeld* beispielsweise kann man prähistorische Grabstätten besichtigen. Um Christi Geburt wohnten hier die Cherusker.

Der Mindener Bischof Gottfried von Waldeck erbaute im Jahre 1306 bei *Hokelve,* dem alten Huculvi, eine Burg, die er nach dem hl. Petrus Petershagen nannte. In den Jahren 1545 bis 1547 erfolgte der Umbau der Burg zu einem Schloß im Stile der Weserrenaissance. Es steht in der Schloßstr. Nr. 5 und befindet sich heute als Hotelbetrieb in Privatbesitz.

Eine Anhöhe hinter dem Schloß, wahrscheinlich am Burggraben, ist im 17. Jh. Schauplatz eines dunklen Kapitels der Petershagener Geschichte gewesen: Als unter Bischof Christian von Braunschweig-Lüneburg (1599–1633) im Bistum Minden Hexen verbrannt wurden, starben auch in Petershagen innerhalb von zwei Jahren fünfzig Frauen einen qualvollen Tod. Als Beweis für Schuld oder Unschuld der Angeklagten führte man am Burggraben die sog. Wasserprobe durch. Jene Frauen, die nicht ertranken, wenn man sie in die Graft warf, wurden als Teufelsbündnerin und Hexe angesehen. Ihr Schicksal waren Folter und Tod.

Heidenopferstein

Im Stadtteil Wasserstraße, der direkt am rechten Ufer der Weser liegt, befindet sich auf dem ‚*Klusberg*‘ der sog. Heidenopferstein. Unterhalb des Hanges entspringt unter hohen Bäumen aus einer runden Gesteinsschüssel eine Quelle. Steigt man von hier den

Englischer Holzschnitt von 1613: Wasserprobe einer Hexe. Hände und Füße der Verdächtigen wurden kreuzweise zusammengebunden und man ließ sie an einem Seil ins Wasser. Wenn sie nicht unterging, galt sie als Hexe – ging sie unter, war sie keine.

Hohlweg hinauf, so erreicht man oben links den Findling. Der flache, im Grundriß annähernd quadratische Stein mißt etwa 1,50 m an seinen Seiten. Auf der Oberfläche weist er zwei rechteckige Vertiefungen auf.

Die Volkssage sieht den ‚Klusberg' als Stätte eines bedeutenden heidnischen Heiligtums an und überliefert damit Angaben über vorchristliche Verhältnisse. Auf dem Stein sollen Opfer dargebracht worden sein. Dabei dienen die schalenartigen Vertiefungen wahrscheinlich zur Aufnahme von Früchten, Honig, Butter, vielleicht sogar von Opfertieren. Von ähnlichen Stätten ist bekannt, daß dort noch in christlicher Zeit Beeren- oder Buttergaben für jenseitige Mächte oder mythische Wesen niedergelegt wurden. Heidnische Kultstätten finden sich bevorzugt an Quellen und Hainen, so daß die lokalen Gegebenheiten am Klusberg eine gute Voraussetzung bildeten. Im benachbarten Stadtteil Seelenfeld zeugen noch heute prähistorische Grabstätten von einer Besiedlung in alter Zeit. So ist es kein Zufall, daß Loccumer Mönche in der Nähe der Quelle eine ‚Klause' unterhielten. Auf dem Klusberg sind heute noch Reste einer Kapelle aus dem 16. Jh. zu sehen. Christliche Heiligtümer wurden oft an heidnischen Kultorten eingerichtet, um den alten Glauben auszulöschen.

Kirche Windheim

Die ev. Kirche im Stadtteil Windheim wurde im 13. Jh. neu errichtet. Ihre Vorgängerin, wahrscheinlich vom Bistum Minden aus gegründet, ist vermutlich ein schlichter turmloser Saalbau gewesen.
Lediglich der Sage nach wurde sie von Karl d. Gr. gestiftet, und eine Inschrift erinnert noch heute an diese Überlieferung. Über dem Durchgang zur Sakristei befindet sich ein Schnitzbild, das einen gepanzerten Krieger darstellt. In der Rechten hält er das erhobene Schwert, in der Linken die Bibel. Das Spruchband darunter lautet: „Carolus Magnus, Fundator Ecclesiae" – Karl d. Gr., Begründer der Kirche. Der Sieg über die heidnischen Götter ist auf einem nur teilweise erhaltenen Taufstein aus spätromanischer Zeit symbolisch dargestellt: Er zeigt die niedergebeugten Gestalten heidnischer Gottheiten, darunter auch den ziegenbocksköpfigen Hauptgott Donar.

QUAKENBRÜCK (Lkr. Osnabrück)

Die Entstehung Quakenbrücks geht zurück auf Bischof Konrad I. von Osnabrück, der im Jahre 1235 das Kollegiatstift St. Sylvester gründete sowie die einstige Burg, auf die heute nur noch der Name „Burgstraße" weist. Diese führt zu einer Anhöhe, auf der sich im 13. Jh. die Stiftsburg der Osnabrücker Bischöfe befand, von dem aus sie ihre Herrschaftsansprüche im Osnabrücker Nordland sicherten und ausbauten.
Aus diesem Grund wurde planmäßig eine Siedlung mit Marktplatz angelegt, aus der sich im Laufe der Jahrhunderte das heutige Quakenbrück entwickelte.
Der Reiz der norddeutschen Kleinstadt liegt vor allem in ihrem alten Stadtkern begründet: Traditionelle Fachwerkhäuser, historische Kirchen, zahlreiche denkmalgeschützte Gebäude spiegeln unterschiedliche Baustile und Epochen wider.
Heutzutage führt der sogenannte „Poggenpad" den interessierten Besucher zu historischen und restaurierten Gebäuden im Stadtzentrum. Mit „Poggen" sind mundartlich „Frösche" gemeint (und deren „Quaken") – in Anspielung auf den Ortsnamen, dessen Ursprung allerdings nicht eindeutig geklärt ist. Das sumpfige Gelände des Hasetals aber machte bereits in alter Zeit eine Brücke erforderlich.
Heute noch durchzieht das Flüßchen Hase die Stadt, die man erkunden kann, indem man dem Poggenpad folgt: Große Froschfußabdrücke auf dem Altstadtpflaster kennzeichnen den Rundgang.

Kleine Mühle und Ellerbrock

Von der B 68, aus Richtung Badbergen kommend, geht die Straße St. Antoniort in die Lange Straße über. Biegt man links in die Kleine Mühlenstraße ein und fährt weiter in Richtung Schiphorst, gelangt man bald an die Kleine Mühle, die an der linken Straßenseite steht.

Bereits im Jahre 1235 ist sie zusammen mit der Großen Mühle dem Bischöflichen Stiftskapitel zur Bewirtschaftung übergeben worden. Das Hauptgebäude stammt von 1726 und beherbergt noch heute einen Mühlenbetrieb.

Die Volkssage erzählt von „Möllers Mühle“ oder von der „Hasemühle im Ellerbrock“. Dort sollen früher Hexen und andere Gestalten ihr Unwesen getrieben haben. Aus allen Teilen des Artlandes seien sie in bestimmten Nächten hier zusammengekommen. Um Mitternacht ritten sie auf Besenstielen, Forken und Ziegenböcken heran – sagt die Überlieferung. Mit Heulen und Toben veranstalteten sie ihre wilden Feste. Im Morgengrauen war der ganze Spuk dann wieder vorüber.

Einheimische behaupten, einst habe in den Morgenstunden dort ein Mann erschöpft im Straßengraben gesessen. Auf näheres Befragen hin habe er behauptet, nachts an einem Fest an der Hasemühle teilgenommen zu haben. Dabei sei ihm sein Reittier abhanden gekommen.

Wann im Ellerbrock oder an der Kleinen Mühle die letzte Spuknacht stattgefunden hat, ist nicht genau belegt.

Rastede (Lkr. Ammerland)

Einstiges Benediktinerkloster und Stadtwappen

Während des Mittelalters gelangte Rastede durch sein zum Benediktinerorden gehörendes St. Marienkloster zu Berühmtheit. Seine Basilika wurde im Jahre 1091 geweiht. 1336 fertigte hier der Mönch Hinrich Gloyesteen eine Abschrift des Sachsenspiegels an, die noch heute in der Bibliothek des Schlosses aufbewahrt wird. An das bis 1546 existierende Kloster erinnern nur noch einige Säulentrümmer auf dem Sängerplatz im Park.

Graf Friedrichs Löwenkampf. Kupferstich, 1599

Über die Gründung des Klosters erzählt die Legende: Vor vielen hundert Jahren lebte zu Rastede Graf Huno mit seiner Gemahlin Willa und dem Sohn Friedrich. Als der Kaiser einen Reichstag nach Goslar ausschrieb und Graf Huno seiner Einladung dorthin nicht nachkam, wurde er zu einem Kampf gefordert. Er sollte einen Kämpen mitbringen, der gegen des Kaisers Kämpen – einen Löwen – streiten sollte. Graf Huno nahm seinen Sohn mit und gelobte, nach bestandenem Kampf ein Kloster zu errichten. Graf Friedrich fertigte sich einen Strohmann, außen mit Fett bestrichen, innen mit Tiereingeweiden ausgefüllt. Der Löwe zerriß diesen, so daß der junge Kämpfer ihn mit dem Schwert durchbohren konnte. Der Kaiser ließ die List gelten, tauchte zwei Finger in das Blut des Tieres und strich über den gelben Schild des Grafen. So entstand das Wappen mit dem Löwen sowie den zwei roten Balken auf goldenem Feld, das noch heute geführt wird. Graf Huno stiftete dankbar das erwähnte

Lustschloß des Grafen Anton Günther. Links davon die Klosterkirche (Quelle: Staatsarchiv Oldenburg)

Kloster. Andere Erzählungen besagen, Graf Huno habe einen Schwan (oder eine Taube) fliegen lassen, um den Standort des künftigen Klosters zu bestimmen. Der Vogel flog über das Ammerland und schien an einem Platz zu zweifeln, ob er sich dort niederlassen wolle oder nicht. Deshalb nannte man diesen Ort Twiwelstede, dessen Name später erst zu → Wiefelstede wurde. Schließlich ließ sich der weisende Schwan an der Stelle nieder, wo heute das Schloß Rastede steht. Weil er hier rastete, nannte der Graf die Stelle Raststätte und ließ dort das Kloster erbauen.

Schloß

Im Jahre 1643 ließ Graf Anton Günther (→ Oldenburg) an der Stelle des einstigen Abthauses ein sog. Lusthaus errichten, das während der Dänenzeit zum Abbruch verkauft wurde. An gleicher Stelle entstand ein großes Landhaus aus holländischen Klinkern. Im Jahre 1777 kaufte der Herzog von Oldenburg das Anwesen zurück und gestaltete es 1780 zum jetzigen Schloß im klassizistischen Stil um. Der damals angelegte 280 m lange Rhododendronwall schließt noch heute den Privatgarten des Herzogs Anton Günther vom Schloßpark ab. Das Schloß liegt innerhalb der Stadt an der Oldenburger Straße.

Ev. Kirche St.Ulrich

Im Jahre 1059 wird Rastede erstmals urkundlich erwähnt. Graf Huno stiftete die im 14. Jh. umgebaute St.-Ulrichs-Kirche. Sie befindet sich nördlich des Schlosses an der Oldenburger Straße. Getrennt vom einschiffigen Feldstein- und Backsteinbau steht der

Westturm, der in seiner jetzigen Form aus dem 15. Jh. stammt. Dieser Tor- und Glockenturm ist ein Wahrzeichen des Ortes. Die Krypta innerhalb des Gotteshauses, die einzige im Lande Oldenburg, wird von 10 Säulen getragen. In der Grafengruft stehen Steinsärge und im Kirchenvorraum eine Sandstein-Grabplatte mit dem Bildnis des Grafen Moritz, der 1420 starb. Es weist stilistische Ähnlichkeit mit der Gestalt der Bremer Rolandfigur auf (→ Bremen).

Ristedt (Lkr. Diepholz)

De Krumme Snieder

Als ‚Krummer Schneider' wird ein Findling bezeichnet, der etwa 1,30 m weit aus der Erde ragt. Den Namen verdankt das geschützte Naturdenkmal wohl seiner gebogenen Form. Es steht in Ristedt bei Syke und kann über die Ristedter Hauptstraße sowie die Sandstraße erreicht werden. Ganz in der Nähe der Straße ‚Zum Krummen Schneider' befindet sich der Stein außerhalb der Siedlung vor der Tannenhecke eines Gartens. Seit Jahrzehnten ist er Ausflugsziel für Schulklassen aus den umliegenden Ortschaften.

Eine Sage, welche die sonderbare Form des Findlings erklären soll, erzählt von den drei Weisen Kaspar, Melchior und Balthasar, die auf ihrer Reise ins Morgenland auch durch die Heide bei Syke zogen. Eine Ortschaft, in der sie rasteten und freundlich aufgenommen wurden, nennt sich seitdem Melchiors-

Die Heiligen Drei Könige. Kupferstich des Kölner Everhard Wyon, Mitte des 18. Jhs.

hausen. Sie liegt wenige Kilometer nordöstlich von Ristedt. In Ristedt selbst ließen die drei heiligen Männer ihre Kleidung ausbessern. Für seine sorgfältige Arbeit erhielt der Schneider drei Wünsche frei – er solle aber nicht vergessen, sich das Himmelreich zu wünschen. Der Schneider, ganz übermütig vor Glück, begehrte sogleich Reichtum in Hülle und Fülle und führte von da ab ein müßiges Leben. Eines Tages aber überkam ihn Unzufriedenheit, denn er wollte ein mächtiger König sein. Als auch dieser Wunsch verwirklicht wurde und er in einem Schloß wohnte, grübelte er bald weiter. Er beabsichtigte nicht, sich das Himmelreich zu wünschen; lieber wollte er Gott selbst sein. Als er diesen frevelhaften Gedanken äußerte, soll sich der König unter Blitz und Donnerschlag in einen großen krummen Steinblock verwandelt haben.
Das weit verbreitete Motiv der drei Wünsche ist in Kunstmärchen seit Jahrhunderten belegt. Wahrscheinlich hat eine literarische Fassung als Vorlage für diese Erzählung gedient.
Eine plattdeutsche Variante erklärt das Entstehen des ‚Krummen Snieder' folgendermaßen: Ein verwachsener Schneider in Ristedt schnitt von jedem Stoff, den er bearbeitete, ein gutes Stück zum eigenen Bedarf ab. Eines Tages kam Petrus mit einem prächtigen blauen Tuch in seine Werkstatt und bat um die Anfertigung eines langen Mantels. Der Schneider aber schnitt wieder ein Stück davon ab, so daß der Mantel bei der Anprobe nur bis an die Knie reichte. Petrus fragte, ob er auch alles Tuch verwendet habe. Der Schneider bejahte und schwur, er wolle zu Stein werden, wenn er nicht die Wahrheit spreche. Darauf wurde der Frevler unter Donnerschlag zu Stein.

RULLE (Wallenhorst, Lkr. Osnabrück)

Wittekindsburg

Eine der größten frühgeschichtlichen Befestigungsanlagen Niedersachsens ist die Wittekindsburg, die im 9. und 10. Jh. bewohnt wurde. Man erreicht sie, wenn man von Osnabrück-Haste aus in das Nettetal fährt. Die Straße führt an den sog. Östringer Steinen, einem jungsteinzeitlichen Großsteingrab, vorbei (→ Groß Berßen/Königsgrab). Beim Gasthof Knollmeyer befindet sich ein Parkplatz, von dem aus man bequem in 10 Minuten zur Burg gelangt. Archäologische Grabungen haben ergeben, daß hier nicht nur eine Hauptburg mit mehreren Vorburgen bestand, sondern auch durch zwei Türme gesicherte Mauern. Außerdem boten mehrere Systeme von Wällen und Gräben zusätzlich Schutz. Bei den Restaurierungsarbeiten wurden Teile der Grundmauern zu Anschauungszwecken aufgemauert. Übrige Fundamente bedeckte man wieder mit Erde. Die Siedlungsfunde lassen darauf schließen, daß hier nie über längere Zeit Menschen gelebt haben. Wahrscheinlich diente die Burg einem vermögenden Grundherrn als repräsentative Schutzanlage. Den Namen Wittekindsburg hat diese Wallburg mit mehreren anderen im Raum Osnabrück gemeinsam. Daß eine von ihnen tatsächlich mit dem Sachsenherzog Widukind in Verbindung zu bringen ist, ließ sich bisher nicht nachweisen. Allerdings wird diese Anlage sowie das umliegende Gebiet zum Besitz der Erben des Sachsenherzogs gehört haben. Erst im 13. Jh. erwähnt eine schriftliche Überlieferung ihren Namen. Die Volkssage betrachtet das Anwesen als Burg Widukinds. Von hier aus soll er heimlich ins Land geritten sein, um seine Sachsenkrieger zum Widerstand gegen die Franken anzufeuern. Seine Verfolger täuschte er, indem er seinem schwarzen Hengst die Hufeisen verkehrt unterschlagen ließ (→ Belm).

St. Ulrichskirche

Das neun Kilometer von Osnabrück entfernte Rulle ist Wallfahrtsort zum Kostbaren Blut und zur Schmerzhaften Mutter. Christianisiert wurde die Gegend bereits um das Jahr 800; doch erst 1233 wird eine eigene Kirche urkundlich erwähnt. Sie entstand vermutlich zwischen 1150 und 1200 unmittelbar neben einem heidnischen Heiligtum, einer Quelle mit heilkräftigem Wasser. Im Jahr 1246 wurde das im benachbarten Haste um 1200 gegründete Zisterzienserinnenkloster, nachdem es durch Feuer zerstört worden war, nach Rulle verlegt und erhielt nach dem in der Nähe gelegenen Gnadenheilquell den Namen „Marienbrunn". Dieser Brunnen, der sich in einem kapellenähnlichen Bau neben der Kirche befindet, ist das älteste Ruller Heiligtum, dessen Wasser vor allem bei Augenerkrankungen angewendet wird.

Die Legende berichtet über die Entstehung der Quelle folgendes: Als das Kloster in Rulle gebaut werden sollte, verweigerten die, die hier bisher ihr Vieh geweidet hatten, die Zustimmung. Da kam ein taubstummer Hirte zu dem Platz und fand dort, wo jetzt der Brunnen ist, einen roten Stab, auf dem mit goldenen Buchstaben geschrieben stand „Marienbrunnen". Er zog den Stab aus der Erde, worauf an derselben Stelle

eine Quelle entsprang und er fortan sprechen und hören konnte. Man faßte dies als göttliches Zeichen auf und errichtete das Kloster an der bezeichneten Stelle. – Im Klosterbuch von 1713 steht über die Verlegung des Klosters von Haste nach Rulle zu lesen, man habe nach der Feuersbrunst für den Neubau auf dem Haster Berg Holz geschlagen – da sei es geschehen, daß „die Holzungen des neuen Gebäudes des anderen morgens auf dem Platz zu Rulle, alwo das Kloster anjetzo stehet, durch göttliche Disposition gebracht einigermahlen gefunden worden. Deswegen im Jahr tausend zweihundert sechs und vierzig auf Geburtstag der allerseligsten Jungfrau Maria ist unser Kloster von Harst nach Rulle transferiert oder versetzt worden“.
Das älteste Kirchlein von Rulle ist durch die Turmhalle zu erreichen und bildet einen Teil der heutigen Wallfahrtskirche. In dieser ‚Gnadenkapelle‘ befinden sich das barocke Wallfahrtsbild der Schmerzhaften Muttergottes sowie ein Tafelgemälde, auf welchem die ‚Auffindung des kostbaren Blutes in Rulle im Jahre 1347‘ dargestellt ist.
Berichte von Blutwundern – wunderbaren Geschehnissen in Zusammenhang mit der Eucharistie – sind im Mittelalter vielfach überliefert; sie wurzeln in einer tiefen Ehrfurcht vor dem Altarssakrament, aber auch in magischem Wunderglauben. Beim Ruller Blutwunder liegt der örtlich und zeitlich genau festgelegten Legende wohl ein historischer Kirchendiebstahl zugrunde. Eine alte Chronik erzählt, daß im Jahr 1347 ein kostbares elfenbeinernes Ziborium (zur Aufbewahrung konsekrierter Hostien) aus der Kirche gestohlen worden sei. Wenig später wurde dieses in der Nähe aufgefunden, „... gleich durch die Allmacht Gottes auff dreyen graßspihren wunderbahrlicher weise erhobenen und unterstürtzet, auf mit beystehenden drey brennenden lichteren ... Es wirt erkennet ein Miracul ...“
Auf diese Nachricht hin kam die Osnabrücker Geistlichkeit nach Rulle; man öffnete das Gefäß und fand an Stelle der heiligen Hostien fünf in Blut liegende Stücklein Fleisch. Man wählte einen frommen Priester aus, der das so verwandelte Sakrament empfangen sollte. Er starb drei Tage später – „es ist aber das übrige heilige bluth sehr Viellen andren menschen, so kranck und preßhafft waren undt in ihren Nöhten Hülff und Trost begehrten, ist ein sicheres Mittel undt eine große beforderung der andacht und göttlichen Ehr geworden.“

Rulle ist bis heute Ziel von Wallfahrten. Marienwallfahrtsort war es schon von alters her durch den Marienbrunnen; die Andacht zum Kostbaren Blut führte zur Verehrung der Pietà: der Muttergottes mit dem Leichnam des am Kreuz verbluteten Christus auf dem Schoß.
Die elfenbeinerne Hostiendose wurde später in eine kostbare Monstranz, die sog. *'Blutmonstranz'*, eingefaßt, die aber nur an großen Wallfahrtstagen ausgestellt wird. Eine Abbildung der Büchse ist im Fenster über der Sakristei zu sehen.

SAGE (Großenkneten, Lkr. Oldenburg)

S

Großes Sager Meer
Das Sager Meer, das aus zwei Seen besteht, erreicht man über die Landstraße von Großenkneten nach Sage. Dort biegt man rechts auf die B 69 ab und verläßt sie nach 200 m links abbiegend in Richtung Bissel. Am Ortsende, wo die Straße halbrechts nach Halenhorst führt, geht man zu Fuß auf einer alten Schaftrift etwa 300 m weiter, um dann in einen Weg links einzubiegen. Dieser endet nach 1 km in einer Wegespinne, an der der Spaziergänger sich scharf nach rechts wendet. Damit ist das Naturschutzgebiet *'Sager Meer'* erreicht. Auf und am Wasser kann sich eine vielfältige Pflanzen- und Tierwelt ungestört entfalten. Es führt nur ein enger Zugang vom Weg zum größeren See, der bis zu 26 m Tiefe aufweist. Eine natürliche Ursache für die Entstehung des Sees vermutet man in einem Salzstock der Umgebung: der See könnte sich nach dem Auslaugen von Salz durch Einsturz gebildet haben.
Die Volksüberlieferung nennt einen anderen Grund für den Ursprung dieses Sees: Ehemals soll sich an Stelle des Großen Sager Meeres eine Ortschaft befunden haben, deren Bewohner ein lasterhaftes und gottloses Leben führten. Zur Strafe versenkte ein Erdbeben das Dorf in die Tiefe, und es entstand ein Wasser, aus dessen Abgrund manchmal heute noch klagende Töne vernommen werden. Die Nachbarn, die den Untergang mitangesehen hatten, flohen aus dieser Gegend. Bisweilen soll bei stürmischem Wetter bearbeitetes Buchenholz an die Oberfläche geschwemmt werden.

SALZBERGEN (Lkr. Emsland)

Kath. Pfarrkirche

Die Ortschaft Salzbergen zeichnet sich – wie der Name schon sagt – durch Salzvorkommen aus. Spätestens im 13. und 14. Jh. waren diese bereits entdeckt und verhalfen dem Gebiet zu Bedeutung. Heute wird hier kein Salz mehr abgebaut.

Der Sage nach steht die heutige Kirche auf dem Platz einer vorchristlichen Opferstätte. Die Opfersteine sollen für die Grundmauern des Gotteshauses mitverwendet worden sein. Erstmals urkundlich erwähnt wird das Vorhandensein einer Pfarrkirche im Jahre 1181. Man kann aber davon ausgehen, daß das Gebäude vor diesem Datum errichtet worden ist. Später fand eine Erweiterung durch den Chorraum sowie den Turm statt. Die Gemeinde Salzbergen hat den hl. Cyriakus, einen der 14 Nothelfer, als Kirchenpatron. Die Glocke aus dem Jahre 1538 ist diesem geweiht. Auf einem Ölgemälde im linken Seitenschiff der Kirche ist er mit seinen Attributen dargestellt. In der rechten Hand hält er einen angeketteten Drachen – zum Zeichen des Sieges über den Teufel – in der linken trägt er die Siegespalme. Der ursprünglich romanische Bau des Gotteshauses wurde später durch gotische Elemente verändert. Im Jahre 1897 entstand nach dem Abriß der alten eine neue gotische Kirche, die am 7. Aug. 1903 die Weihe empfing. Im März 1945 erfolgte ihre Zerstörung bei einem Fliegerangriff, doch schon 1947/48 war der Wiederaufbau beendet.

Die Kirche in Salzbergen

In der Kirche ist die sog. *‚Klünersche Madonna'*, ein ehemaliges Gnadenbild, zu sehen, das wahrscheinlich aus dem Anfang des 15. Jh. stammt. Mit seiner Herkunft beschäftigt sich folgende Erzählung: Zwei Brüder aus Holsten, Klüner oder Klüsener, hatten eine Wallfahrt nach Jerusalem unternommen. Auf dem Rückweg erkrankte einer schwer und wurde von seinem Bruder in der Einsamkeit zurückgelassen. Plötzlich vernahm der Todkranke eine Stimme, die ihn aufforderte: „Nimm' mich mit!"
Er sah ein Muttergottesbild, das er um Hilfe anflehte. Als er aus tiefem Schlaf erwachte, fand er sich auf wunderbare Weise am Ufer der Ems in der Nähe des elterlichen Hauses wieder – neben ihm das Madonnenbild. Sein Bruder kehrte erst Monate nach ihm in die Heimat zurück. Das Marienbild wurde der Pfarrkirche zu Salzbergen geschenkt und in eine Nische auf der linken Seite, den *‚Kattenhook'*, gestellt. Nach einer anderen Version brachte man es erst ins Kloster zu Rheine, von wo es aber mehrmals verschwand und sich immer im Hause des Pilgers wiederfand. Daraufhin stellte man es in die Salzbergener Kirche.

SANDHORST (Lkr. Aurich)

Schloß
Das Jagdschloß Sandhorst, das etwa 2 km nördlich von Aurich steht, ist über die Esenser Straße zu erreichen. 1976 wurde das in einem Gehölz links der Straße befindliche Gebäude renoviert. Graf Ulrich II., der in → Wittmund residierte, ließ im Jahre 1647 dieses Lustschloß für seine Gemahlin Juliane errichten. Es wurde später ihr Witwensitz, wo sie 1659 starb. 1764 erfolgte der Abriß, bei dem nur ein Nebenflügel stehen blieb, der heute noch zu sehen ist.
Die Sage sieht das Haus als Schauplatz eines einstigen Justizmordes an: Graf Enno Ludwig, der Sohn des Erbauers, ließ hier – als er an die Macht kam – den Ratgeber seiner Mutter köpfen. Der Geschichtsschreibung zufolge fand dieses Ereignis jedoch im Burgsaal zu → Wittmund statt.

SCHINNA (Lkr. Minden-Lübbecke)

Ehemaliges Benediktinerkloster
Um 1148 wurde von Graf Wilbrand von Hallermunt ein kleines Benediktinerkloster gegründet. Es gelangte unter anderem durch eine Schenkung Heinrichs des

Löwen zu Besitz und schloß sich 1466 an die Bursfelder Kongregation an. Nach Einführung der Reformation im Jahre 1542 wurden die Klosterbauten in ein Befestigungsvorwerk umgewandelt. 1561 pfändete sie der Söldnerführer Hilmar von Münchhausen. Doch wenig später erfolgte der Abbruch der Klosterkirche zu Schinna. Die Steine verwendete Graf Erich II. von Hoya bei der Errichtung seines Schlosses in → Stolzenau. Um 1600 entstand eine neue Gemeindekirche, deren schlichter Fachwerkbau heute als Stallung verwendet wird, ebenso wie andere Ordensgebäude heute Wirtschaftstrakte sind. In der evangelischen Pfarrkirche, einem 1886 geweihten neugotischen Backsteinbau, befinden sich zahlreiche Werke aus der einstigen Klosterkirche. An der Nordwand ist das Grabmal des Grafen Erich II. zu sehen. Eine überlebensgroße Liegefigur hebt sich von einer perspektivistischen Architekturkulisse ab.

Die Überlieferung beschäftigt sich mit der Kirchenzerstörung zum Zwecke des Schloßbaus: Der letzte Mönch, Joh. Elmenhorst, wollte das Kloster nicht verlassen, obwohl der Abbruch schon befohlen war. Gütliches Zureden, selbst des Grafen, half nichts. Da schleuderte einer der Arbeiter einen Stein gegen den Geistlichen, so daß dieser zusammenbrach. Bevor er starb, verfluchte er seinen Mörder und den Grafen. Der Steinwerfer und seine Nachfahren hatten fortan Unglück. Der Graf, den ein schlechtes Gewissen plagte, fragte seinen Hofprediger Joh. Brockmann, ob der Kirchenabbruch Sünde gewesen sei. Das verneinte der Pfarrer, denn es sei dem lieben Gott einerlei, ob er in einer steinernen oder einer hölzernen Kirche angebetet werde. Um den Grafen zu beruhigen, wiederholte er diese Antwort in der Predigt. Doch als er dabei seinen Kopf Graf Erich zuwandte, blieb er in dieser Richtung stehen, so daß er mit verdrehtem Kopf weiterleben mußte.

SCHLEDEHAUSEN (Bissendorf, Lkr. Osnabrück)

Schelenburg

Man erreicht die Schelenburg vom Ortskern Bissendorf aus in Richtung Wissingen – Schledehausen – Bohmte. In Schledehausen biegt man hinter dem Hotel Böving links ab und fährt an der Feuerwehr und dem Friedhof vorbei zur Schelenburg. Sie wird erstmals im Jahre 1090 urkundlich erwähnt. Seitdem existiert zumindest der viergeschossige gotische Wohnturm mit seinen über 2 m dicken Mauern. Das

Gebäude steht auf mehr als 1 000 eichenen Pfählen im Sumpf der Wierauniederungen. Diese bilden ein bewährtes Fundament, da sie nicht mit Sauerstoff in Verbindung kommen und deshalb nicht verrotten. Ursprünglich war die Burg von drei Wassergräben und dazwischenliegenden Wällen umgeben. Bis 1396 war das Anwesen Eigentum der Familie von Sledesen, danach über 500 Jahre im Besitz der Familie von Schele. Der wohl bekannteste Herr der Schelenburg war Jasper von Schele, Doktor der Theologie, Tischgenosse und Schüler Dr. Martin Luthers. Er bewirkte, daß sich die Reformation im Raum Schledehausen früh durchsetzte. 1933 starb das Grafengeschlecht aus. Heute befindet sich die Burg wieder in Privatbesitz, doch in den Sommermonaten werden in der Bibliothek öffentliche Schloßkonzerte gegeben. Außerdem findet zu bestimmten Zeiten der sog. *‚Schelenburger Zehnkampf‘* statt.
Eine Volksüberlieferung will die Ursache des großen Brandes wissen, der 1490 die Burg bis auf den Wohnturm zerstörte. Demnach soll die Burgherrin ihn selbst verursacht haben, als sie zum wiederholten Male in den Keller ging, um für das Trinkgelage ihres Mannes und seiner Freunde Wein zu holen. Sie war dabei so erbost, daß sie mit dem Kienspan oder der Kerze unvorsichtig umging. Tief bekümmert über das Unglück soll sie ihrem Mann dann einen Reiterstiefel voll Goldstücke gegeben haben, die sie sich durch kluge Wirtschaftsführung erspart hatte. Das Geld scheint zum Wiederaufbau nicht ganz gereicht zu haben, denn es dauerte 42 Jahre, bis der jetzige Bau fertiggestellt war.
→ Bissendorf, → Holte.

Schüttorf (Lkr. Grafschaft Bentheim)

Die heutige Samtgemeinde Schüttorf wird erstmals im Jahre 1154 als gräflicher Haupthof erwähnt. Sie stellte die erste städtische Siedlung innerhalb der Grafschaft Bentheim dar, als sie 1295 das münstersche Stadtrecht erhielt. Verschiedene verkehrsgünstige Faktoren ließen Schüttorf im Mittelalter zu einem bedeutenden Markt- und Stapelplatz werden. Dabei spielte nicht nur die Lage an den Straßen Osnabrück – Holland sowie Münster – Ostfriesland eine Rolle, sondern ebenso das Flüßchen Vechte, das ab hier mit dem Kahn schiffbar war. Die Ausfuhr des Bentheimer und Gildehäuser Sandsteins bis nach Amsterdam und Emden brachte dem Ort politischen Einfluß. Für das

Schüttorf mit den Ruinen der Burg Altena, Stahlstich von F. Foltz

13. und 14. Jh. ist die gräfliche Münzstätte erwähnenswert. Im 15. Jh. war der größte Wohlstand erreicht.

Stadtkirche St. Laurentius
Der Quaderbau mit dreischiffiger Halle steht auf dem Kirchplatz in Schüttorf. Der mächtige quadratische Westturm stammt von 1502. Im Inneren der Halle weisen ältere Bauabschnitte auf einen dreischiffigen Vorgängerbau des 14. Jh. Der hl. Laurentius, Schutzpatron der Schüttorfer Kirche, wurde auch von der ev.-ref. Gemeinde in Ehren gehalten. Zu seinem Gedächtnis erklingen am 10. August, dem Laurentiustag, die Glocken von 11 bis 12 Uhr mittags. Der christliche Märtyrer wurde der Legende nach im Jahre 285 in Rom auf einem glühenden Rost gebraten, weil er die Schätze seiner Kirche nicht preisgeben, sondern den Armen bewahren wollte. Das Kirchensiegel der reformierten Gemeinde in Schüttorf zeigt deutlich diese Marterszene. Der Heilige trägt den Märtyrerkranz auf dem Kopf. Die Umschrift lautet:

Sig. Eccles.
Schüttorff
Reno A° 1657

Steinkreuz
Auf dem Kapellenplatz an der Drievordener Straße steht ein altes Sandsteinkreuz. Über seinen einstigen Standort hinweg führt heute die Autobahn, so daß es

hierher versetzt wurde. Nach der Volksüberlieferung wurde es zum Gedenken an siebzehn im Spanisch-Niederländischen Krieg gefallene spanische Reiter errichtet. Eine andere Quelle spricht von sieben hessischen Reitern aus dem Dreißigjährigen Krieg.

Rabenbaum
In dem in der Samtgemeinde *Schüttorf* gelegenen Wald *Samerrott* stand einst am Rheiner Damm der sog. Rabenbaum. Heute erinnert noch eine Erläuterungstafel an ihn, und um 1900 wurde an seiner Stelle eine Eiche gepflanzt.
Der Rabenbaum soll eine 2000–3000 Jahre alte mächtige Eiche gewesen sein. Sein Umfang maß ca. 11 m, sein Durchmesser 3 m. Bei den Germanen soll die Eiche ein den Raben des Gottes Wodan geweihtes Naturheiligtum gewesen sein. Der Ort diente als Thing- oder Gerichtsstätte und war später Treffpunkt der Mahlbauern des Samerrotts. Diese führten die Aufsicht über den Forst, die Pflanzungen und den Holzverkauf. Im Jahre 1798 wurde der Baum bei einem Unwetter stark beschädigt und 1876 von Waldfrevlern in Brand gesteckt. Später stellte man die Außenteile des Stammes wieder auf und hielt sie durch Eisenreifen fest.
→ Isterberg

SÖGEL (Lkr. Emsland)

Schloß Clemenswerth
In den Jahren zwischen 1736 und 1746 ließ der Wittelsbacher Prinz und Kurfürst Clemens August auf dem Hümmling ein Rokoko-Jagdschloß errichten. Der eindrucksvolle zweigeschossige Mittelbau liegt im Zentrum einer sich achtstrahlig ausbreitenden Anlage. Oberbaudirektor Joh. Konrad Schlaun gruppierte nach französischem Vorbild acht kleinere Pavillons um das Schlößchen herum. Der Volksmund jedoch spricht vom Kegelspiel, das dabei Pate gestanden habe. Sieben Pavillons sind nach dem Kurfürsten, seinen Bistümern und seinem Sitz als Hochmeister des Deutschen Ritterordens benannt: Clemens August, Köln, Osnabrück, Paderborn, Hildesheim, Münster, Mergentheim. Der achte diente als Schloßkapelle und von 1739–1812 als Niederlassung der Kapuziner – wie auch heute noch. Der reizvolle Schloßkomplex, ein für das historische Nordwestdeutschland außergewöhnlich prachtvoller Bau, bezeugt die Prunkfreude des Adels und der Fürstbischöfe im 18. Jh.

Kurfürst Clemens August

Das einstige Lustschloß beherbergt heute das *Emslandmuseum* mit Ausstellungsstücken von der ‚Urgeschichte bis zur Moderne'. In der alten Schloßgärtnerei wird eine Museumstöpferei betrieben, und im historischen Wildkeller befindet sich ein Restaurant. Einer Überlieferung zufolge soll des Nachts der *‚Swatte Hiärm'* in den Anlagen des Schloßparks spuken.

SPIEKEROOG (Lkr. Wittmund)

Kirche von Werdum

Spiekeroog, die ostfriesische Insel mit ihren fast 1 000 Einwohnern, wird urkundlich erstmals am 11. September 1398 genannt. Hier lebten vor allem Seemanns- und Fischerfamilien, die ihren Unterhalt durch Schellfisch- und Seehundfang sowie das Sammeln von Strandgut verdienten. Im Jahre 1862 wurde eine Seenotrettungsstation gegründet.

Im 15. Jh. gehörte Spiekeroog vorübergehend zu Ostfriesland. Während des niederländischen Freiheitskrieges im 16. Jh. kam die Insel als Geldrisches Lehen unter spanische Hoheit. Das alte Dorf wurde im

Februar 1570 durch die Wassergeusen geplündert, die auf Geheiß Wilhelms von Oranien spanische Besitzungen angriffen. Im selben Jahr verwüstete eine Orkanflut den kleinen Ort, der daraufhin verlegt wurde. Am 28. Januar 1600 kam das Harlingerland und damit Spiekeroog zu Ostfriesland. Die inzwischen protestantische Gemeinde begab sich zu hohen kirchlichen Feiern auf das Festland, um in Werdum am Gottesdienst teilzunehmen.
Um die Mitte des 19. Jh. erfolgte im Verlaufe der Inselsicherung gegen das Meer auch deren Begrünung. Dieser verdankt Spiekeroog heute ihr charakteristisches Aussehen sowie ihren Beinamen ‚Grüne Insel'.
Nach mündlicher Tradition soll 1588 ein Schiff der spanischen Armada vor dem Eiland gestrandet sein. Die im Jahre 1696 erbaute ‚Kirche von Werdum' zählt zu ihrer Ausstattung verschiedene Stücke, die diese Überlieferung stützen. Neben einer spanischen Pietà sowie Teilen einer Kanzel existieren mehrere Heiligenbilder, die spanischer Herkunft zugeschrieben werden. Wohl aufgrund der armseligen Verhältnisse auf der Insel wurde von dem gut bestückten Schiff später erzählt, es sei ein Admiralsschiff gewesen. Bis 1840 hißte man zu Verlobungen und Hochzeiten eine spanische Kriegsfahne. Schließlich entdeckte man 1869 ein Grab, in welchem sich ein Stoßdegen derselben Herkunft fand.

STOLZENAU (Lkr. Nienburg)

Ev. Pfarrkirche
Die heute nicht mehr vorhandene Burg wurde Mitte des 14. Jh. von zwei Linien des Hoyaer Grafenhauses gemeinsam erstellt. Als Grenzfeste war sie gegen die *Schlüsselburg* gerichtet, auf der die Bischöfe von Minden residierten. Im Jahre 1370 wird die bereits vorhandene Anlage erstmals urkundlich erwähnt. In ihrem Schutz entwickelte sich der Flecken Stolzenau. Graf Erich II. von Hoya wurde mit der Burg abgefunden und erweiterte diese von 1527–1547 erheblich. Während des Dreißigjährigen Krieges trat ein rascher Herrschaftswechsel ein. Hinterher diente das Schloß als welfischer Amtshof und später als Wohnhaus eines Domänenpächters. Heute ist es völlig verfallen.
Als einziges der Burg zugehöriges Gebäude steht heute noch die Kirche. Bis ins 16. Jh. wurde sie als Schloßkapelle genutzt. Hier wirkte als Reformator der Luther-Schüler Kragius, späterer Hofprediger König Christians von Dänemark. Allmählich erfolgte

Stolzenau. Stahlstich von J. Riegel

die Entwicklung zur Pfarrkirche, die jedoch im 18. Jh. fast verfiel. Im Jahre 1828 wurde sie zur spätklassizistischen Anlage umgebaut. Heute noch beeindruckt diese dreischiffige Emporenkirche mit quadratischem Westturm und überwiegend klassizistischer Ausstattung.

Eine Überlieferung, die auch in der Chronik des Ortes wiedergegeben wird, besagt, daß Graf Erich von Hoya die Steinkirchen zu Leese, Holzhausen und → Schinna habe einreißen lassen. Mit dem so gewonnenen Material erweiterte er sein Schloß und ersetzte die Steinkirchen durch Holzkirchen. Vorher hatte er seinen Superintendenten und Hofprediger Joh. Brockmann gefragt, ob dieses Vorgehen statthaft sei. Die Antwort lautete, es sei dem Lieben Gott einerlei, ob man ihn in einem hölzernen oder steinernen Bau verehre. Zur Bekräftigung seines Ausspruchs wiederholte er ihn in seiner Predigt und sah dabei den Grafen an. In dieser Stellung blieb sein Kopf stehen, so daß er Zeit seines Lebens das Gotteszeichen mit sich trug. Die statt der steinernen wieder erbaute hölzerne Kirche zu Schinna wurde 1547 Begräbnisstätte Graf Erichs von Hoya.

Eine andere Fassung teilt mit, daß der letzte Mönch das Kloster Schinna nicht verlassen wollte. Beim Abbruch wurde er getötet. Danach plagte den Grafen das schlechte Gewissen, und er fragte seinen Hofprediger, ob die Zerstörung der Kirche eine Sünde gewesen sei. Auch in dieser Erzählung wird der Geistliche wegen seiner gotteslästerlichen Antwort gestraft.

STRACKHOLT (Großefehn, Lkr. Aurich)

St. Barbara-Kirche

Der 15 km südöstlich von Aurich gelegene Ort heißt im 15. Jh. *„Stretholt"*. Einst standen hier zwei Häuptlingsburgen, von denen aber keinerlei Reste erhalten geblieben sind. Auf der einen soll die Foelke Kampana, Gattin des Häuptlings Ocko tom Brok, zeitweise gewohnt haben (→ Aurich, → Dornum).

Die heute evangelische Kirche war ursprünglich ein einschiffiger, gewölbter Backsteinbau. Durch mehrere Erweiterungen ab Mitte des 13. Jh. entstand allmählich eine Kreuzform. An der Nordseite steht neben dem Gotteshaus ein massiver Glockenturm. Das Innere der Kirche weist eine beachtenswerte Ausstattung auf.

Einst soll hier ein Priestermord stattgefunden haben: Ein Geistlicher, der mit dem Messelesen begonnen hatte, ohne auf das Eintreffen des Friesenhäuptlings zu warten, wurde von dem unduldsamen Ritter aus Wut erschossen. Eine andere Sage schreibt diese Tat der im Volksmund berüchtigten Quade Foelke zu.

TANNENHAUSEN (Lkr. Aurich)

T

Großsteingrab

Bei Tannenhausen, zur Stadt Aurich gehörend, ist ein sog. Hünengrab, ein jungsteinzeitliches Großsteingrab, zu besichtigen. Es ist von Aurich aus über die Esenser Straße, dann über die Dornumer Straße in Richtung Dornum erreichbar. Man fährt an → Sandhorst vorbei, läßt die Moordorfer Straße linker Hand

Holzschnitt aus: Heidegold, von Heinz Bügener, 1929

liegen und gelangt schon nach kurzer Strecke links an einen Parkplatz.
Ganz in der Nähe befinden sich die Reste des Megalithgrabes, von dessen Entstehen man sich folgendes erzählt: Vor langer Zeit wurde dort ein Riese begraben und erhielt als Wegzehrung ein Stück Butter, einen Brotlaib und einen Käse mit ins Totenreich. Im Laufe der Jahrtausende aber wurden die Beigaben zu Stein und liegen noch heute an dieser Stelle.
→ Groß Berßen

TETTENS (Wangerland, Lkr. Friesland)

Kiefhaus
Schauplätze der Erzählung von Junker Ommo zu Middoge – einem Lebemann, der seine Seele dem Teufel verschrieben haben soll und im ganzen Jeverland berüchtigt war – sind verschiedene Gebäude im westlichen Wangerland bei Tettens.
Haus Middoge befand sich in der Nähe von Middoge an der Landstraße nach Tettens. Der Friesenhäuptling Ommo von Middoge war nach dem Tode Edo Wiemkens d. J. (1511) einer der fünf Regenten des Jeverlandes und residierte in der Middoger Burg (→ Jever). Diese wurde im Jahre 1617 abgebrochen. Weiter spielt die Meierei ‚Kiefhaus' eine Rolle. Heute ist nur noch ihre Ruine auf halber Strecke rechts an der Straße von Wichtens nach Ussenhausen zu sehen. Das aus dem 16. Jh. stammende Bauernhaus stellt eines der ältesten friesischen Gulfhäuser dar. Noch heute wird im sog. Gulf der Ostfriesenhäuser, der sich immer zu ebener Erde befindet, die Ernte gelagert. Seit 1978 steht das Kiefhaus leer und ist allmählich verfallen.
Das Anwesen soll bei Erbauseinandersetzungen häufig Streitobjekt gewesen sein. Daher erklärt sich der plattdeutsche Name, der soviel wie *‚Keif'*- oder *‚Zankhaus'* besagt. Der Sage nach hatte Ommo in der Meierei eine Geliebte, weswegen seine Frau ihm Vorhaltungen machte. Wurde er gefragt, wie es auf Burg Midogge stehe, so antwortete er: „All wedder Kief."
Eine andere Version erzählt, Ehefrau und Mätresse seien oft miteinander in Streit geraten, so daß Ommo das Mädchen schließlich ins Kiefhaus brachte.

Martinskirche
Die evangelische Kirche St. Martin, ein stattlicher Backsteinbau mit prächtiger Innenausstattung, stammt aus der ersten Hälfte des 13. Jh. Das Sakramentshäuschen aus Baumberger Sandstein wurde

laut Inschrift von Häuptling Ommo von Middoge gestiftet.
Die Überlieferung berichtet: Wegen seines anstößigen Lebenswandels vom Pfarrer in Tettens zur Rede gestellt, kündigte der Häuptling an, er werde sich eine eigene Kirche bauen. Der Geistliche aber beschloß, dem Junker vor versammelter Gemeinde eine Belehrung zu erteilen. Dazu kam es nicht mehr, weil Ommo sich stark verspätete und der Pfarrer vor dessen Eintreffen mit der Predigt begann. Aus Wut darüber erschoß der Eintretende den Kirchenherrn mit seiner Armbrust. Bald reute ihn die Tat, und er stiftete ein kunstvoll gemeißeltes Sakramentshäuschen, das seinen Namen und den des Priesters Alvericus bis heute trägt. Trotzdem soll der Teufel dem Junker nach dessen Tode die Haut über die Ohren gezogen haben.

TWISTRINGEN (Lkr. Diepholz)

Dehmse

An der Straße von Twistringen nach Colnrade erstreckt sich rechter Hand das Waldgebiet ‚Dehmse', ein Landschaftsschutzgebiet.
Hier soll vorzeiten ein Bauer aus Beckstedt ein sonderbares Erlebnis gehabt haben: Kurz vor Sonnenaufgang kroch eine prächtige Schlange auf ihn zu. Sie trug auf dem Kopf eine winzige goldene Krone, von der ein Zacken abgebrochen war. Sie wolle zu den Zwergen bei der Essemühle, sprach sie, um ihre Krone ausbessern zu lassen, er möge sie ein Stück Weges mitnehmen – und sogleich ringelte sie sich um seinen Stock. Weil den Bauern Ekel überkam, schleuderte er sie ins Gebüsch. Da krochen von allen Seiten die Schlangen des Waldes zischend auf ihn zu und jagten den erschrockenen Mann aus dem Wald. Als er durch ein Haferfeld lief, sah er plötzlich, daß das untere Ende seines Wanderstabes, um den sich die Schlange geringelt hatte, rot glühte. Entsetzt warf er ihn weit von sich und erreichte schweißgebadet seinen Hof. Die Familie schenkte ihm jedoch keinen Glauben, meinte statt dessen, er habe zu tief ins Glas geschaut. Bald nach der Halferernte kam der Nachbar zu Besuch und zeigte eine Handvoll Körner, die aus purem Golde waren. Es stellte sich heraus, daß der glühende Stock damals die Haferkörner durch Berührung zu Gold gemacht hatte. So sehr der Bauer jetzt auch suchte, der Stab, den die Schlangenkönigin umschlungen hatte, war nicht mehr zu finden. Nachdem der Nachbar seine Goldkörner verkauft hatte, konnte seine

Familie nicht nur angefallene Schulden bezahlen, sondern auch in Wohlstand leben. Von einem Goldschmied in Wildeshausen ließ man einen Armreif anfertigen, der wie eine Schlange gestaltet war. Der Kopf wurde mit einer Krone versehen. Dieses Schmuckstück vererbte die Bäuerin jeweils auf ihre Tochter weiter. Man hielt die Erinnerung an die Schlangenkönigin in der ‚Dehmse' in Ehren, indem man den Gästen gern die alte Geschichte erzählte.
Doch der Wohlstand, der sich mit jeder Generation mehrte, fand eines Tages ein Ende. Ein später Nachkomme der Familie hielt nichts von der Überlieferung, und seine Frau fand das Kleinod viel zu altmodisch. Man verkaufte den Armreif – damit ging auch das Glück verloren. Mißernten, Hagelschlag, Viehsterben und Krankheiten waren die Folge; schon bald mußte der Bauer seinen Hof aufgeben und in die Fremde ziehen.

UELSEN (Lkr. Grafschaft Bentheim)

Mühlen

Die Ortschaft wird im Jahre 1131 erstmals urkundlich erwähnt. Damals war sie bereits Stätte eines Gerichts und einer Taufkirche. Die heute reformierte Kirche wurde nach St. Wehrenfried benannt, der um 700 mit dem hl. Willibrod in Uelsen gepredigt und missioniert haben soll. Bis ins 14. Jh. gehörte das Dorf zu der niederländischen Landschaft Twente, die heute teilweise der Niedergrafschaft Bentheim untersteht.
Schon früh hat sich in Uelsen unterschiedliches Handwerk angesiedelt, und Graf Ernst Wilhelm suchte es seit 1643 zu fördern: Im Jahr 1651 stattete er es mit Privilegien und Rechten aus.
Die im Jahre 1985 erneut restaurierte Mühle steht direkt hinter dem Friedhof am Friedhofsweg. Sie besteht aus Sandsteinquadern und ist mit einem großen plastischen Bentheimer Wappen versehen. Nahe der Höcklenkamper Straße ist am Mühlenteich und Linnenbach eine wieder aufgebaute Wassermühle zu besichtigen.
Die Sage erzählt, daß einst ein fleißiger Müller die Mühle im ‚Linnebeckental' betrieb. Da der Weg nach Uelsen für die Kundschaft beschwerlich war, erstellte der Müller die erwähnte Sandsteinwindmühle im Ort. Als der Graf von Bentheim das neue Werk zu Gesicht bekam, wollte er es unter allen Umständen besitzen. Der Handwerker jedoch ließ sich von der gebotenen

Summe Geldes nicht beeindrucken, auch nicht von den Drohungen des Edelmannes. Schließlich verstrickte dieser ihn in einen Prozeß, den der Müller verlor. Da er danach nicht mehr mahlen durfte, kehrte Not bei ihm ein, und die Gläubiger bedrängten ihn. Er mußte bald den Grafen um Hilfe angehen, der das Anwesen für einen geringen Betrag erwarb. So soll der Überlieferung nach die Mühle in Besitz des Bentheimer Grafenhauses gekommen sein.

VECHTA (Lkr. Vechta)

Sprengepiel-Denkmal

Zur Überwachung der Handelsstraße von Bremen nach Westfalen wurde um 1150 durch die Grafen von Calvelage-Vechta-Ravensberg eine Burg erbaut. Es entwickelte sich eine Siedlung, die in der ersten Hälfte des 13. Jh. das Osnabrücker Stadtrecht erhielt. 1252 verkaufte Gräfin Jutta von Vechta die gesamte Herrschaft an das Bistum Münster. In der Münsterschen Fehde wurde der Ort 1538 niedergebrannt, und auch während des Dreißigjährigen Krieges hatte Vechta unter Kämpfen und Besatzungsmächten sehr zu leiden. Die Schweden zogen erst 1654 ab.

Um 1640 lebte auf dem Gut Falkenrott der kaiserliche Rittmeister Sprengepiel. Während des Dreißigjährigen Krieges kämpfte er als Oberst mit seiner Truppe gegen die Schweden. Auch unter der einheimischen Bevölkerung war er sehr gefürchtet. Lambert Sprengepiel und seine Reiter mordeten, plünderten und schändeten.

Für diese Untaten läßt ihn die Volkssage büßen: In seiner Sterbestunde soll ihn die Schwarze Kunst verlassen haben, die er bis dahin beherrschte. So wurde das Gut gestürmt und seine Gesellen vertrieben. Seitdem findet der einstige Freischarenführer keine Ruhe. Den Geistlichen, die in Vechta ein Kloster besaßen, gelang es, Spengepiel zu bannen. Er mußte fortan als kalbsgroßer schwarzer Hund hinter dem Hochaltar in Ketten liegen. Als das Kloster aufgelöst wurde, befreite ein Pater das Tier. Seitdem tobt dieses nachts mit tellergroßen glühenden Augen und rasselnder Kette durch Vechta. Es poltert vom Klostergarten über den Kapitelplatz durch die Stadt und kehrt über die Stadtbleiche wieder zum Klostergarten zurück. Manch nächtlicher Spaziergänger sah und hörte ihn schon mit Entsetzen. Heute kann man auf dem Sprengepiel-Platz sein Denkmal besichtigen, das die sagenhafte Tiergestalt darstellt.

Gut Welpe
Verläßt man das Stadtzentrum auf der Diepholzer Straße, zweigt linker Hand etwa 150 m nach dem Freibad der Eulenweg ab. Er führt den Besucher an einen Wanderparkplatz, von wo aus man den sog. *Pickerweg* begehen kann. Über eine kleine Teilstrecke von etwa 750 m in Richtung Norden gelangt man zum Gut Welpe. Es wurde im Jahre 1645 erbaut. Der idyllische Welper Teich ist von uralten Eichen umgeben.
An diesen Besitz knüpft sich eine in verschiedenen Versionen in ganz Deutschland verbreitete Vielgeburtssage, die hier den Namen ‚Welpe' zu erklären sucht: Auf dem Gut soll vor vielen hundert Jahren eine grausame junge Frau gelebt haben. Als ihr Gemahl gegen die Türken zog, wurde sie ihm untreu. Eine von ihr abgewiesene Bettlerin sprach einen Fluch über sie aus, und bald darauf gebar die Edelfrau sieben Knäblein. Gerade als sie diese von einer Magd ertränken lassen wollte, kehrte der Ritter nach Welpe zurück. Er entdeckte, daß in dem Korb, der versenkt werden sollte, statt sieben jungen Hunden – ‚Welpkes' genannt – sieben Kinder lagen. Da ließ er die Geliebten seiner Frau unwissentlich über diese richten und führte das Urteil zu deren Entsetzen aus. In einer Tonne, die innen mit Nägeln beschlagen war, rollte man die Frevlerin einen Berg hinab. Die sieben Kinder nahm der Ritter auf sein Gut, doch verhinderte der einstige Fluch, daß sie später glücklich wurden.
Den kulturhistorischen Hintergrund für diese Erzählung bildet die im späten Mittelalter weit verbreitete Auffassung, daß eine Frau beim Verkehr mit einem

Geburt von Siebenlingen, Holzschnitt um 1510

Mann jeweils nur *ein* Kind empfangen könne – Zwillings- und besonders Mehrlingsgeburten galten daher als Beweis für begangenen Ehebruch.

Kath. Pfarrkirche St. Georg
Das als ‚Propsteikirche' bezeichnete Gotteshaus wurde im Jahre 1425 aus Backsteinen erbaut. Die dreischiffige Hallenkirche zeigt eine barocke Ausstattung und birgt Kunstwerke von europäischem Rang. Es sollen hier die Armreliquiare des heiligen Alexander hervorgehoben werden, die stilistisch zum Welfenschatz gehören und aus der zweiten Hälfte des 12. Jh. stammen. Die beiden Kunstwerke waren zunächst in Gewahrsam der Alexanderkirche zu → Wildeshausen. Doch nach dem Dreißigjährigen Krieg übersiedelten die katholisch gebliebenen Stiftsherren nach Vechta, wo sich das Alexanderkapitel niederließ.
→ Wallenhorst.

VISBEK (Lkr. Vechta)

Pfarrkirche St. Vitus
An der Stelle der im Jahre 1810 errichteten neugotischen Pfarrkirche St. Vitus stand vor 1652 die alte St. Veitkirche.
Visbek, im Jahre 819 erstmals erwähnt, bildete den Ausgangspunkt für die Christianisierung Südoldenburgs und weiterer Gebiete. Die *‚cellula Fischboeki'* wurde von Abt Castus gegründet, dem einst ‚Gerbert' genannten Sachsen. Das einflußreiche Kloster Corvey erhielt 855 von Ludwig dem Deutschen das Missionserbe Visbeks überschrieben.
Die Volkssage läßt Karl d. Gr. im Jahre 800 das Osterfest in Visbek feiern. Mit der Absicht, ihn zu ermorden, soll sich Sachsenherzog Widukind unter die Bettler gemischt haben, die den Weg säumten. Eine Vision jedoch soll ihn von dem Mord abgehalten haben: Als sich nämlich die Pforten der Kirche öffneten, erschien ihm in einem herrlichen Strahlenglanz der Christusknabe, was in Widukind den Wunsch erweckte, den christlichen Glauben anzunehmen.
→ Belm, → Osnabrück/Karlsteine.

Visbeker Braut und Bräutigam
Die Gegend um Visbek gilt wegen ihrer zahlreichen stein- und bronzezeitlichen Grabstätten als ‚klassische Quadratmeile der Vorgeschichte'. Die unter den Namen ‚Visbeker Braut und Bräutigam' bekannt gewordenen jungsteinzeitlichen Grabanlagen stehen

Die Visbeker Braut, Steindruck von Ludwig Strack, Oldenburg 1827

auf dem Gebiet der Stadt *Wildeshausen* bzw. der Gemeinde *Großenkneten.* Von Wildeshausen aus ist die ‚Braut' auf der B 213 in Richtung Ahlhorn zu erreichen. Nach 6–7 km Fahrtstrecke zeigt ein Schild an, daß der Besucher nach links abbiegen muß. Vom Parkplatz aus führt ein Spazierweg zum Großsteingrab. Auch zum ‚Bräutigam' gelangt man über die B 213 von Wildeshausen nach Ahlhorn. Gleich hinter dem Ortseingang von Ahlhorn weist linker Hand ein Schild in Richtung Engelmannsbäke. Nach ca. 3 km gelangt man an die Parkplätze des gleichnamigen Ausflugslokals.

Diese sog. größten Steindenkmäler Deutschlands bestehen jeweils aus einer Grabkammer und einer rechteckigen Steineinfassung. Letztere weist beim ‚Bräutigam' eine Länge von 104 m und eine Breite von 8–9 m auf, bei der ‚Braut' eine Länge von 80 m und eine Breite von 7 m.

Von *Engelmannsbäke* aus, wo sich der ‚Bräutigam' befindet, kann man über den sog. Brautweg auch die Steinsetzung ‚Braut' zu Fuß erreichen. Diese trägt stärkere Spuren der Zerstörung, besonders was die eigentliche Grabkammer angeht.

Name und Ursprung der Großsteingräber werden durch die Sage erklärt: Ein Mädchen sollte gegen ihren Willen verheiratet werden. Auf dem Weg zur Trauung ging ihr verzweifelter Wunsch, lieber zu Stein zu werden als sich fügen zu müssen, in Erfüllung. Nicht nur sie und der ganze Brautzug, sondern auch der entgegenkommende Zug des ungeliebten Bräutigams erstarrten zu Stein und sind seitdem der Nachwelt erhalten. In einem langen moralisierenden Gedicht gibt Pastor *J. G. T. Lamprecht* im Jahre 1801 die Sage wieder. Wahrscheinlich hat sich die ‚Volkserzählung' erst Ende des 18. Jh. gebildet und ist auch erst durch die literarisierte Fassung bekannt geworden. In der letzten Strophe heißt es:

Ich ward zu Stein; einst war ich's nicht,
Drum konnt ich Lieb empfinden.
Gott führet mich nicht ins Gericht;
Ich soll ihn gnädig finden!
Ihr Eltern, hört, befolgt den Rath,
Ihr seyd gewarnt durch diese That.
Laßt euch nicht so bethören,
Der Kinder Glück zu stören!

„Heidenopfertisch"

Das vielbesuchte Ausflugsziel bei *Engelmannsbäke* weist noch weitere prähistorische Grabanlagen auf. Ihre archäologische Bedeutung wird jeweils auf einem Hinweisschild kurz erklärt. Unter anderem sind hier die ‚Kleinen' und die ‚Großen Kellersteine', der sog. ‚Brautwagen' und der ‚Heidenopfertisch' zu sehen. Bei letzterem handelt es sich um eine ehemals imposante Grabkammer, von der nach starker Zerstörung nur noch eine mächtige Deckplatte auf Trägersteinen erhalten ist.

Aufgrund der altarähnlichen Form spricht die Volksüberlieferung von einem heidnischen Opfertisch. Die Oberfläche der Grabplatte soll noch die Blutrinne aufweisen, in der das Blut der Opfertiere ablief. Wie für die anderen vorchristlichen Grabstätten Nordwestdeutschlands muß auch hier betont werden, daß sie seit der Christianisierung bewußt in Verruf gebracht

„Heidnischer Altar bei Engelmanns Bach". Steindruck von Ludwig Strack, Oldenburg 1827. Heutzutage wird das einstige Steingrab als Heidenopfertisch bezeichnet.

wurden. Ihre Verehrung sollte unterbunden, die heidnische Kult- und Glaubenswelt möglichst grausam oder abstoßend dargestellt werden.
→ Ankum/Alkenkuhle, → Bischofsbrück, → Groß Berßen, → Osnabrück/Karlsteine.

WALLENHORST (Lkr. Osnabrück)

Alte Alexanderkirche

Siedlungsgeschichtlich ist die Gründung dieses Gotteshauses als Eigenkirche eines großen sächsischen Hofes anzunehmen. Das kleine dreischiffige Gebäude wird im Jahre 851 anläßlich der Überführung der Reliquien des hl. Alexander nach → Wildeshausen erstmals erwähnt. Graf Walbert (oder auch Waltbert), ein Enkel des Sachsenherzogs Widukind, brachte die Gebeine des frühchristlichen Märtyrers hierher, um den Glauben in seiner Gemeinde zu stärken. Der Fuldaer Mönch Meginhardt verfaßte einen Reisebericht, in dem auch eine Wunderheilung erwähnt wird: In ‚*Wallonhurst*' soll ein blinder Mann, der den Reliquien entgegeneilte, seine Sehkraft zurückerhalten haben.
Der Sage nach wurde die Kirche von Karl d. Gr. nach einem Sieg über die Heiden gegründet. Auf den Turm ließ er eine goldene Henne setzen zum Zeichen, daß diese noch andere Kirchen im Lande ausbrüten solle. Die Volksüberlieferung weist insofern einen wahren Kern auf, als die Vorläuferin der heutigen Kirche tatsächlich aus der Zeit Karls d. Gr. stammt.

WARDENBURG (Lkr. Oldenburg)

Tilly-Hügel

Verläßt man Wardenburg auf der Oldenburger Straße in Richtung Oldenburg, so führt rechter Hand der Danzmeesterweg zum Tilly-Hügel. Spaziert man danach links Am Rudelmoor weiter, gelangt man zum nordöstlich gelegenen Tilly-See, der in der Sage ‚*Tilly-Tränke*' genannt wird.
Während des Dreißigjährigen Krieges hat Tilly im September 1623 angeblich mit seinen Truppen hier drei Wochen lang Feldlager gehalten. Graf Anton Günther von → Oldenburg bewog ihn an diesem Ort zu einem Rückzug. Tilly brach daraufhin seinen geplanten Vormarsch über Oldenburg und das Ammerland nach Ostfriesland ab. Von dem ‚Danzmeester', einer flachen Mulde hinter dem Hügel, wird erzählt,

Generalleutnant Graf von Tilly

daß Wardenburger Mädchen dort mit den Soldaten getanzt hätten.
1925 wurde mit mächtigen Findlingssteinen ein Denkmal für die Gefallenen des Ersten Weltkrieges errichtet.

WEENER (Lkr. Leer)

In Weener, dem Hauptort des links der Ems gelegenen Rheiderlandes, hat schon um das Jahr 1000 eine Kirche existiert. Im 13. Jh. wurde Weener Sitz einer Münsterschen Propstei und war damals schon ein wichtiger Handelsplatz an der Straße Emden – Münster.
Nach einer Volkserzählung lag vor vielen hundert Jahren nahe der Ems an der Weener Meentelande eine große Stadt. Heute ist diese Gegend südlich von Holthusen kaum besiedelt. Die einstigen Bewohner dieses Ortes waren wohlhabend und führten ein zügelloses Leben. Zur Warnung erschien ihnen deshalb ein Vo-

gel, ‚Jütack' oder auch ‚Bülow' genannt. Vom großen Altarkreuz herab verkündete er Gottes Strafgericht:

‚Weenen, Weenen sall vergahn,
Sall gien söven Jahr mehr stahn.'

Der Vogel verschwand, kehrte aber nach sieben Jahren wieder, da sich die Menschen nicht gebessert hatten. Seine Warnung lautete:

‚Weenen, Weenen sall vergahn,
Sall gien söven Maand mehr stahn.'

Die Einwohner Weenens spotteten über den eigenartigen Himmelsboten und änderten ihre Lebensweise nicht. Da klagte er vom Altarkreuz herab:

‚Weenen, Weenen, sall vergahn,
Sall gien söven Dage mehr stahn,
Dann is Weenen unnergahn.'

Diese Worte bestätigten sich bei einem schrecklichen Unwetter: Die Erde tat sich auf und verschlang den Ort. Von der untergegangenen Stadt Weenen soll der später entstandene Flecken Weener seinen Namen erhalten haben.

Blutstein
Im Ortsteil Stapelmoor steht seit Ende des 13. Jh. die heute evangelische Kirche mit Westturm, die vom 11. bis 13. Jh. in anderer Form als Wehrburg bestanden hat. Das älteste noch bewohnte Pfarrhaus Nordwestdeutschlands, gleich daneben, stammt aus dem 13. bis 14. Jh. Am Südportal der Kirche befindet sich der sog. Blutstein, der schon ‚aus Heidenzeit' stammen soll, und von dem die Sage folgendes zu erzählen weiß:
In alter Zeit wurde an der Kirchentür ein Priester ermordet, der gerade die Weihnachtsmesse gelesen hatte. Täter war ein Burgherr, den der Geistliche am Sonntag zuvor von der Kanzel herab gerügt hatte. Nach dem Mord färbte das Blut des Priesters den Stein rot und konnte bis heute nicht abgewaschen werden.

Marienstein oder Wunderstein
Ein besonderer Stein wird dem Besucher in der Gastwirtschaft ‚Zum Lindenhof' gezeigt. Er stellt mit etwas Phantasie das Bild der Mutter Gottes dar, umhüllt von einem Schleier oder Überwurf. Auch ein Anker – als Sinnbild Marias – ein Kreuz und ein Kind kann man erkennen. Der Sage nach soll dieser Stein nicht

nur wachsen, sondern auch unverrückbar an seinem Platz stehen. Als man einst versuchte, ihn zu entfernen, sollen unter Blitzen und Donner zwei schützende Hände aus der Wand gewachsen sein. Ende des 18. Jh. soll der Stein auf einem Feld gefunden worden sein. Nachdem man ihn ausgegraben hatte und die Kunde von seinem Bild nach auswärts gelangt war, kamen zahlreiche Fremde, hauptsächlich aus dem Münsterland. Es entwickelte sich eine Art Wallfahrt, die bis zum Beginn des 19. Jh. andauerte.

WESTERSTEDE (Lkr. Ammerland)

Ev. Kirche St. Peter (Kiekintland)

Ein alter ammerscher Reim macht sich über die hohen Baukosten des Turmes von St. Peter lustig: ‚To Westerstä dar steit de hoge Toorn, dar schall dat ganze Kaspel bi versoorn.' Das ganze Kirchspiel soll durch den Bau finanziell ausgetrocknet worden sein. Im Jahre 1123 stifteten die Herren von → Fikensolt, einem benachbarten Rittergut, den Grund und Boden für die Petrikirche. Der Glockenturm, der bald nach 1200 entstand, befindet sich etwas abseits der Kirche. Der einschiffige Hauptbau im romanischen Stil besteht aus roh bearbeiteten Findlingen. Der 48 m hohe Turm läßt verschiedene Bauabschnitte erkennen. Im Volksmund heißt er wegen seiner Höhe ‚Kiekintland'. Abgesehen von Bewunderung hat er aber auch Neid hervorgerufen:

So sollen die Ostfriesen eines Nachts mit sehr vielen Ochsengespannen nach Westerstede gezogen sein, um den Turm einzureißen. Es gelang ihnen, ein Seil an der Turmspitze zu befestigen, sämtliche Ochsenpaare hintereinanderzuspannen und sie gleichzeitig daran ziehen zu lassen. Die vorderen Paare zogen aber so heftig an, daß die hinteren mit dem Seil vom Boden abgehoben wurden. Die Treiber bemerkten es nicht, da die Kette der Ochsen sehr lang war. Allmählich hingen immer mehr Gespanne an dem Seil in der Luft. Als die Männer endlich das Mißgeschick bemerkten, mußten sie die Tiere mit großer Vorsicht rückwärts gehen lassen, bis schließlich alle wieder unbeschadet auf der Erde standen. Eilig machten sich die Ostfriesen vor dem Morgengrauen davon. Am nächsten Tag sollen doch einige aufmerksame Westersteder Bürger gemerkt haben, daß ihre Kirchturmspitze sich leicht geneigt hatte.

→ Fikensolt, → Mansie.

WIEFELSTEDE (Lkr. Ammerland)

Ev. Kirche

Die Christianisierung des Ammerlandes erfuhr durch die Gründung der Kirche zu Wiefelstede unter Erzbischof Adalbert von Bremen im Jahre 1057 eine besondere Förderung. Noch heute kann das älteste Kirchspiel als Kerngebiet des Ammerlandes angesehen werden. Das Gotteshaus, Johannes dem Täufer und der hl. Radegundis geweiht, besteht aus dem einschiffigen romanischen Granitquaderbau und einem Westturm des späten 15. Jh. Freistehend befindet sich südlich ein kleinerer Tor- und Glockenturm.
Der Sage nach wußte man zunächst nicht, wo man die Kirche erbauen sollte. Da man zweifelte, plattdeutsch ‚twiewelte‘, wurde eine Taube ausgesandt, die den Standort bestimmen sollte. An der Stelle, wo sie sich niederließ, errichtete man das Gotteshaus.
Die Forschung hat dagegen ermittelt, daß der Ort seinen Namen von einem in Richtung Rastede vorgelagerten Sumpf- und Moorgelände erhalten hat, das ‚*Wiefel*‘ heißt.

WILDESHAUSEN (Lkr. Oldenburg)

Wittegenberg

Die Ortschaft wird erstmals im Jahr 851 als ‚*Wigaldinghus*‘ erwähnt. Den Ursprung des Ortsnamens Wildeshausen erklärt eine Erzählung folgendermaßen: Die Männer von Visbek pflegten in dieser früher wüsten und waldigen Gegend zu jagen. Bei schlechtem Wetter dienten ihnen kleine Blockhäuser und Hütten als Unterschlupf. Deshalb sagten sie, wenn sie von zu Hause fortzogen: „Wi willt na de wilden Hüsen.“ Schließlich ließen sich einige Visbeker dort an der Hunte nieder und nannten ihre Siedlung ‚Wilshusen‘, was später ‚Wildeshausen‘ gesprochen wurde. Die jetzige Stadt liegt am Flüßchen Hunte sowie am Übergang einer alten Straße von Westfalen nach Bremen und vom westfälischen Lerigau zum engrischen Largau. Sie bildet heute den Mittelpunkt des Erholungsgebietes Wildeshauser Geest.
Graf Waltbert, ein Enkel des Sachsenherzogs Widukind, residierte hier in einem Herrenhof. Während der Ottonenzeit erhielt der Ort Markt und Gericht. Im 11. Jh. gelangte der Flecken durch Erbfolge an die Billunger, welche später den Oldenburger Grafen Vogteirechte einräumten. Letztere genossen ohnehin den Ruf, aus Widukinds Geschlecht abzustammen. Den

Propsteibesitz verliehen die Welfen dem Bremer Domkapitel. Um 1150 erbaute Graf Heinrich von Oldenburg die Burg Wildeshausen, deren Hügel – im Volksmund fälschlich *‚Wittekindsburg'* genannt – noch sichtbar ist. Der mächtige Sachsenherzog wohnte der Sage nach am östlichen Rand von Wildeshausen. Er ließ einen hohen Berg von Sand aufwerfen und seine Burg darauf errichten. Von ihr sind keine Reste mehr erhalten. Wahrscheinlich hat sie auf dem Wittegen- oder Wittekindsberg gestanden – einem zur Kontrolle des Wasserwegs der Hunte besonders günstigen Platz.
Eine andere Überlieferung weiß, daß er hier bereits geboren sei. Von hier soll das Oldenburgische Grafengeschlecht herstammen.

Alexanderkirche
Die heute noch eindrucksvolle und reich ausgestattete evangelische Pfarrkirche von Wildeshausen weist den gleichen Grundriß auf wie der Dom zu → Osnabrück. In der ersten Hälfte des 13. Jh. wurde auf der Stelle eines Vorgängerbaus die dreischiffige Basilika mit Querschiff und quadratischem Chor errichtet. Hier ist ein spätromanisches Kopfreliquiar zu besichtigen. Die beiden Armreliquiare des heiligen Alexander befinden sich in der Propsteikirche zu Vechta; denn während der unruhigen Reformationszeit waren die Mönche von St. Alexander in das Kloster zu Vechta übergesiedelt.
Graf Waltbert, der bereits erwähnte Enkel des Sachsenherzogs, stiftete die Alexanderkirche und gab die Gebeine des heiligen Märtyrers Alexander, die er im Winter 850/51 selbst von Rom nach Wildeshausen überführt hatte, in ihre Obhut. Das Heiligtum war dazu bestimmt, für die neubekehrten Christen Gegenstand der Verehrung zu sein. Schon während der langen Reise als auch später in Wildeshausen selbst, sollen sich laut Berichten der Geistlichkeit zahlreiche Wunderheilungen ereignet haben (→ Wallenhorst).

Wittmund

Schloßpark und Schloßwallanlage
Die heutige Hauptstadt des Harlingerlandes war ab 1420 Sitz der Häuptlingsfamilie Kankena. Diese baute eine Kirche, die vielleicht schon im 12. Jh. als Sendkirche bestand, burgartig aus. Im Jahre 1457 eroberte der Häuptling Sibet Attena von Esens Wittmund, zer-

störte die Burg und errichtete 1461 an anderer Stelle eine neue. Auch diese wurde 1764 beseitigt. Heute sind noch der Schloßpark sowie die hohen Wälle erhalten, von welchen man eine gute Fernsicht besonders auf das benachbarte →Jever hat. An ein geschichtliches Ereignis des Jahres 1651 knüpft sich folgende Sage:
Nach dem Tode Graf Ulrichs II. regierte seine Witwe Juliane, die aus Hessen stammte, für ihren kleinen Sohn Enno Ludwig. Ihr Ratgeber und Vertrauter war der geheime Rat von Marenholz, dem sie oftmals Handlungsfreiheit gewährte. Diese persönliche Gunst sollte ihn später den Kopf kosten. Als Enno Ludwig herangewachsen war und die Regierung übernahm, nutzten die Gegner von Marenholz die Gelegenheit, das Verhältnis zwischen der Gräfin und ihrem Berater in schlechtes Licht zu rücken. Dieser fiel in Ungnade und wurde ohne Gerichtsverfahren auf Geheiß des jungen Grafen im großen Saal der Burg zu Wittmund enthauptet. Mit diesem Justizmord beschäftigte die Witwe den kaiserlichen Hof in Wien noch jahrelang.
Der Sage nach ließ der junge Regent den Todgeweihten zunächst auf das Jagdschloß →Sandhorst bei Aurich bringen. Das Anwesen – einst von Graf Ulrich II. für seine Gemahlin errichtet – soll nach dessen Tod ein häufiger Aufenthaltsort des von Marenholz gewesen sein.
Als er niederkniete, um den Todesstreich zu empfangen, fiel sein Blick auf einen Apfelbaum, der voll goldgelber Früchte hing. Da rief er: „So wahr dieser Baum in Zukunft blutrote Äpfel tragen wird, so wahr sterbe ich unschuldig!“ Das Urteil wurde vollstreckt und ein Jahr später trug der Baum blutrote Äpfel. Das ließ die Gräfin ihrem Sohn ausrichten und zog dann in ihre Heimat Hessen fort. Der Graf ließ den Baum umhauen, doch es wuchs ein neuer Stamm, der wieder rote Äpfel trug. Da sagten die Leute: ‚Unse Heergott spreckt för Marenholt!‘ Sie legten Kerne aus den roten Früchten in die Erde, so daß sich der Baum in ganz Ostfriesland verbreitete. Seine Äpfel aber nennt man heute noch Marenholter.

Literaturauswahl

Bechstein, Ludwig: Aus dem Sagenschatz der Niedersachsen und Westfalen. Hrsg. v. Möhrig, Wolfgang. Husum 1984

Berndt, Helmut: Unterwegs zu deutschen Sagen. Ein fantastisches Reise- und Lesebuch. Düsseldorf – Wien 1985

Bockstiegel, Heiko: Als im Ellerbrock noch die Hexen tanzten ..., in: Bersenbrücker Kreisblatt, 14. 2. 1984

Böning, H.: Der Poggenpad in Quakenbrück. Kleiner Führer durch unsere Stadt. o. O., o. J.

Dehio, Georg: Handbuch der Deutschen Kunstdenkmäler: Bremen, Niedersachsen, bearbeitet von Kiesow, Hoffmann, Poppe, Reuther, Wulf u. a. Darmstadt 1977

Diederichs, Ulf und Hinze, Christa: Norddeutsche Sagen. Schleswig-Holstein, Friesland, Hansestädte. Düsseldorf – Köln 1976

Diederichs, Ulf und Hinze, Christa: Sagen aus Niedersachsen. Zwischen Harz, Heide und Meer. Berlin 1986

Führer zu Vor- und Frühgeschichtlichen Denkmälern Bd. 4: Hameln, Deister, Rinteln, Minden, hrsg. v. Römisch-Germanischen Zentralmuseum Mainz. Mainz 1966

Führer zu Vor- und Frühgeschichtlichen Denkmälern Bd. 42: Das Osnabrücker Land I. Mainz 1979

Graichen, Gisela: Das Kultplatzbuch. Ein Führer zu den Alten Opferplätzen, Heiligtümern und Kultstätten in Deutschland. Hamburg 1988 (auch als Knaur Taschenbuch)

Hake, Aloys: Die Bückelter Kapelle. Sögel 1984

Handbuch der Historischen Stätten Deutschlands Bd. 2: Niedersachsen, Bremen, hrsg. v. Kurt Brüning und Heinrich Schmidt. Stuttgart 1976

Hartmann, Hermann und Weddigen, Otto von: Das Buch vom Sachsenherzog Wittekind. Sage und Dichtung. Minden 1883

Hausbuch der Hansestädte. Hamburg, Bremen, Lübeck in guter alter Zeit. Geschichten, Bilder und Gedichte, hrsg. v. Diethard H. Klein. Freiburg i. Br. 1982

Heinemann, Otto von: Das Königreich Hannover und das Herzogtum Braunschweig in malerischen Originalansichten. 2 Bde. Darmstadt 1858 (Nachdruck Hildesheim 1976)

Henniger, Karl und Harten, J. von: Niedersachsens Sagenborn Bd. 2: Eine Sammlung der schönsten Sagen und Schwänke aus dem nördlichen Niedersachsen. Hildesheim 1909. 1953

Huntemann, Hans: Die Wildeshauser Geest. Wege und Wanderungen rund um Bremen Bd. 5. Bremen 1976

Iba, Eberhard Michael und Walter: Die Grüne Küstenstraße von Emden nach Westerland. Ein Reiseführer mit Märchen, Sagen und Geschichten. Regensburg 1981

Keese, Heinrich: Sagen und Geschichten aus dem Kreise Grafschaft Hoya. Syke [2]1972

Kohstall, Aloys: Die katholische Pfarrgemeinde Salzbergen. Lingen 1969 (Der Kreis Lingen in Wort und Bild Bd. 1, hrsg. v. Heimatverein für den Kreis Lingen/Ems)

Krewerth, Rainer Alexander: Emsland-Pfade. Wie mir Heide und Moor, Auen und Alleen, Städte und Dörfer an Hase und Ems unter die Räder gekommen sind. Sögel 1980

Kuhn, Adalbert und Schwartz, Wilhelm: Norddeutsche Sagen, Märchen und Gebräuche aus Mecklenburg, Pommern, Sachsen, Thüringen, Braunschweig, Hannover, Oldenburg und Westfalen (Nachdruck der Ausgabe Leipzig 1848). Hildesheim 1972

Liebers, Claudia: Neolithische Megalithgräber in Volksglauben und Volksleben. Untersuchung historischer Quellen zur Volksüberlieferung, zum Denkmalschutz und zur Fremdenverkehrswerbung (Artes Populares. Studia Ethnographica et Folkloristica. Bd. 9. Hrsg. v. Prof. Dr. Lutz Röhrich. Diss. Freiburg 1984). Frankfurt/M. – Bern – New York 1986

Lindern, Georg von: Kleine Chronik der Stadt Delmenhorst. Delmenhorst 1971

Lübbing, Hermann: Friesische Sagen. Von Texel bis Sylt. Jena 1928 (Deutscher Sagenschatz Bd. 10, Stammeskunde deutscher Landschaften, hrsg. v. Paul Zaunert: Friesische Stammeskunde)

Lübbing, Hermann: Oldenburgische Sagen. Oldenburg 1968

Merian, Matthaeus: Topographia Saxoniae Inferioris. 1653

Meyer-Deepen, H. und Meijering, M. P. D.: Spiekeroog. Spiekeroog/Jever 1970

Müller, Günter: 293 Burgen und Schlösser im Raum Oldenburg-Ostfriesland. Oldenburg 1977

Niedersächsisches Hausbuch. Gute alte Zeit zwischen Nordsee und Harz, Elbe und Ems, hrsg. v. Diethard H. Klein. Freiburg i. Br. 1982

Niedersachsen. Bremen. Reise- und Ferienführer: Südliche Nordsee, Land im Nordwesten, hrsg. v. Fremdenverkehrsverband Nordsee – Niedersachsen – Bremen e. V. Oldenburg

Osnabrück und das Osnabrücker Land einst und jetzt. Bearbeitet von Heinrich Koch, Heinrich Borchelt, Heinrich Göers. Osnabrück 1976

Peuckert, Will-Erich: Bremer Sagen. Göttingen 1961 (Denkmäler deutscher Volksdichtung Bd. 5).

Peuckert, Will-Erich: Niedersächsische Sagen. (Denkmäler deutscher Volksdichtung Bd. 6). Göttingen 1983

Pleticha, Heinrich/Müller, Wolfgang: Höhlen – Wunder – Heiligtümer. Mythische und magische Plätze in Deutschland. Freiburg i. Br. 1994 (auch bei Wiss. Buchgesellschaft Darmstadt unter dem Titel: Geheimnisvolles Deutschland. Höhlen – Wunder – Heiligtümer)

Poppe-Marquard, H.: Das Wiehengebirge. Landschaft, Wittekindsweg und andere beliebte Wanderwege. Osnabrück 1983

Runge, Wolfgang: Die St. Hippolyt-Kirche in Blexen. Oldenburg 1980

Schirmeyer, Ludwig: Osnabrücker Sagenbuch, Osnabrück 1920

Schlegel, Erwin: Vom Zwischenahner Meer. 1981

Schröer, Fritz: Aus der Glaubenswelt unserer Vorfahren, in: Von Hus un Heimat. Beilage zum Delmenhorster Kreisblatt Nr. 11, Nov. 1970, 21. Jg.

Siefkes, Wilhelmine: Ostfriesische Sagen und sagenhafte Geschichten. Aurich 1963

Specht, Heinrich: Die gläserne Kutsche. Bentheimer Sagen, Erzählungen und Schwänke. Osnabrück – Paderborn o. J. (Das Bentheimer Land Nr. 1)

Wietek, Gerd: Oldenburger Land. Berlin 1956

Wrasmann, Adolf: Die Sagen der Heimat. Sagenschatz des Regierungsbezirks Osnabrück. Osnabrück 1908

Ortsverzeichnis

Die Hauptstichworte sind im Register **halbfett,** die Abbildungen *kursiv* verzeichnet.

Nordwestdeutschland
0 10 20 30 40 km
Spiekeroog
Minsen
Tettens
Dornum
WITTMUND
Borkum
Norden
Wittmund
zu LEER
Osteel
Middels
Jever
Tannenhausen
Marienhafe
Sandhorst
AURICH
Aurich
Brockzetel
Strackholt
Emden
LEER
Westerstede
Bunderhee
Leer
Mansie
Bad
Weener
Stapelmoor
Friesoythe
EMSLAND
Molberg
Sögel
Bischofsbrück
Haren/Ems
Groß Berßen
Bokeloh
Haselünne
Bückelte
Quakenbrück
Bippen
GRAFSCHAFT
BENTHEIM
Lingen
Ankum
Uelsen
Neuenhaus
Merzen
Lage
Rieste
OSNABRÜCK
Emsbüren
Hopsten
Isterberg
Schüttorf
Salzbergen
Bad Bentheim
Dörenthe
STEINFURT
Kartographie: Christoph Gallus

Kartographie: Christoph Gallus
zu
HAMBURG
Cuxhaven
Dorum
CUXHAVEN
Imsum
zu
BREMEN
Blexen
WESER-
MARSCH
Rastede
OSTERHOLZ
Weser
BREMEN
Hude
Wardenburg
Delmen-
horst
Ganderkesee
Immer
Feldhake
OLDENBURG
Weser
VERDEN
Ristedt
Sage
Harpstedt
Wildeshausen
Nordwohlde
Bruchhausen-
Vilsen
Hoya
Visbek
Twistringen
Goldenstedt
Bücken
Vechta
DIEPHOLZ
Weser
Lohne
NIENBURG
Diepholz
Schinna
Dümmersee
Stolzenau
Damme
MINDEN-
LÜBBECKE
Petershagen
Bohmte-
Lecker
Lübbecke
SCHAUMBURG
Belm
Minden
Schledehausen
Bissendorf
Weser
Holte
HERFORD

Die Schwarzen Führer

Franken
22,0 × 11,0 cm, 240 Seiten mit 104 SW-Abbildungen, einer Karte, Literaturhinweisen und Ortsverzeichnis, kartoniert
ISBN 3-89102-123-2

Nordwestdeutschland
22,0 × 11,0 cm, 176 Seiten mit 75 SW-Abbildungen, einer Karte, Literaturhinweisen und Ortsverzeichnis, kartoniert
ISBN 3-89102-122-4

Schwaben-Bodensee
22,0 × 11,0 cm, 248 Seiten mit 105 SW-Abbildungen, zwei Karten, Literaturhinweisen und Ortsverzeichnis, kartoniert
ISBN 3-89102-121-6

Schwarzwald
22,0 × 11,0 cm, 180 Seiten mit 73 SW-Abbildungen, zwei Karten, Literaturhinweisen und Ortsverzeichnis, kartoniert
ISBN 3-89102-120-8

Weitere Bände in Vorbereitung

In gleicher Ausstattung liegt vor:

Die Geister Großbritanniens
Ein Führer zu über tausend Spukorten
22,0 × 11,0 cm, 312 Seiten mit über 100 SW-Abbildungen und 20 Landkarten, Auswahlbibliographie und Glossar, kartoniert
ISBN 3-89102-316-2

„Ein höchst originelles Buch, das dem Liebhaber gruseliger Geschichten mehr als 1000 Lokalitäten im Vereinigten Königreich nennt, an denen Übersinnliches sein Unwesen treibt. Autor John Brooks führt, aufgeteilt in zehn Regionen, seine Leser von Südwest-England bis zu den Highlands im Norden. In kurzen Abschnitten werden Ort und Geschichte all jener Geister und unheimlichen Wesen geschildert, durchaus in sachlicher, zuweilen auch britisch-humoresker Art.“ *Die Welt*

„Das hat uns noch gefehlt, aber nun schließt der Eulen Verlag die Lücke und legt uns einen Geisterführer vor, von London nach Schottland und Wales. Die Verläßlichkeit der Erscheinungen konnten wir noch nicht prüfen, das Lesevergnügen ist garantiert.“
Süddeutsche Zeitung

Eulen Verlag

Gruselatmosphäre in Wort und Bild – schaurig schöne Bildbände von Simon Marsden

Im Reich der Geister

Eine Reise zu mysteriösen Orten auf den Britischen Inseln

Sonderausgabe, 28,6 × 22,8 cm, 128 Seiten mit 106 Fotografien in Duoton und einer Karte, Pappband lam. ISBN 3-89102-258-1

„Als Meister einer ‚gespenstischen' Fotografie ist Marsden berühmt geworden. ‚Im Reich der Geister' heißt nun auch ein skurriler Sammelband mit rund 100 seiner klassischen Aufnahmen, der Schlösser, Burgen, Ruinen und Schluchten, Seen und sagenhafte Landschaften im britischen Mutterland des Spuks ins Bild rückt."

Der Spiegel

„Nirgendwo spukt es hartnäckiger als in Großbritannien. Ein unerschrockener Photograph führt uns hin." *Die Zeit*

Geistersuche

Auf den Spuren des Unheimlichen von Irland bis Transsilvanien

28,6 × 22,8 cm, 128 Seiten mit 100 Fotografien in Duoton geb. mit Schutzumschlag. ISBN 3-89102-256-5

„Von Irland durch England, Schottland, Wales, Frankreich und Deutschland führt die Reise nach Ungarn und Rumänien und findet ihren Höhepunkt am Grab des Grafen Vlad Tepes (der Pfähler), allgemein als Dracula bekannt. Alle diese Orte strahlen eine eigenartige, unheimliche, von Marsden jedesmal höchst sensibel registrierte Energie aus. So geht er Sagen, Geschichten und Zeugenaussagen nach, die von übernatürlichen Begebenheiten berichten, die sich vom konventionellen wissenschaftlichen Standpunkt aus nicht erklären lassen wollen." *Frankfurter Allgemeine Zeitung*

Bilder aus der Welt des Edgar Allan Poe

28,6 × 22,8 cm, 136 Seiten mit 22 Erzählungen und Geschichten von Edgar Allan Poe in der Übersetzung von Arno Schmidt und Hans Wollschläger.
Mit einer Einführung und 45 Fotografien in Duoton von Simon Marsden, geb. mit Schutzumschlag. ISBN 3-89102-255-7

„Grausig schön: Simon Marsden, Meister der gespenstischen Fotografie, macht es dem Schauer leicht, über Ihren Rücken zu jagen. Zu 23 ausgewählten Erzählungen und Gedichten Poes gesellen sich gruselig schöne Bilder von Spukschlössern und Ruinen, fratzenhaften Wasserspeiern und melancholischen Landschaften."

Schweizer Illustrierte